AF477483

Con il patrocinio di / Patronage

Comune di Lugo
Istituto per i Beni Artistici, Culturali e Naturali della Regione Emilia-Romagna

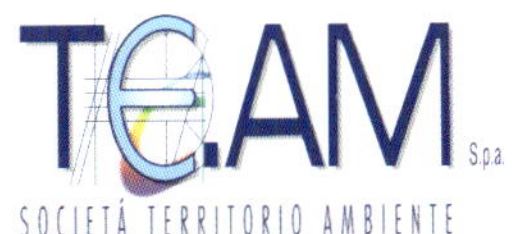

Carte Riciclate
Recycled Papers

Giovanni Zaffagnini

CHARTA

testi di / texts by Roberta Valtorta

Riciclare la fotografia

Osservo le fotografie strappate di Giovanni Zaffagnini: brandelli di immagini di paesaggio contemporaneo. Non più soltanto il paesaggio in cui viviamo è a brandelli, dunque, ma anche le fotografie che ad esso si riferiscono.

Cerco di immaginare l'autore mentre, dopo aver deciso la ripresa e dopo aver selezionato alcune delle immagini per la stampa ed averla ottenuta, prende a una a una le fotografie e le strappa: *carte riciclate*, dice. Vedo il tavolo su cui appoggia le fotografie ancora intere, integre, il gesto delle mani, vedo pezzi di carta con figure e colori accumularsi dentro il cestino dei rifiuti, o forse sul pavimento. Sul tavolo restano solo i pezzi che l'autore ha risparmiato, non diversi dagli altri, non migliori, ma semplicemente equivalenti e semmai arricchiti dall'aura che i resti portano con sé (si pensi, prima che a ogni altra cosa, all'archeologia). Potrebbero essere nuove inquadrature: ripuliti dai bordi "sporcati" dagli strappi e riportati ai quattro lati del rettangolo o del quadrato, questi frammenti diventerebbero subito altre inquadrature, quel tipo di inquadrature votate al dettaglio, come del resto spesso usa in fotografia. Però anche così, come li vediamo, con i bordi strappati e indecisi, sono tuttavia ancora inquadrature. Come se dalla distruzione di un'inquadratura ne nascesse sempre un'altra, e sempre diversa.

Qua e là, Zaffagnini lascia alcune fotografie "intere": una sorta di "come eravamo" che ci ricorda quale aspetto avevano le (antiche) fotografie prima che prendesse piede la pratica di farle a pezzi. Le fotografie rimaste integre ci parlano di periferie, territori abbandonati, società di massa e oggetti uguali che si ripetono. Paiono superstiti da uno sterminio che ancora vorrebbero raccontare la loro storia, la memoria, e tramandare un poco di conoscenza.

Mi chiedo se i brandelli mancanti siano stati eliminati, prendendo la strada del riciclaggio insieme a ogni altro tipo di carta o cartone, o esistano ancora, conservati come reliquie in qualche posto nascosto, in una teca, o semplicemente ammucchiati su uno scaffale.

La TE.AM, sponsor coerentissimo di questa pubblicazione, è un'azienda che si occupa di raccolta differenziata dei rifiuti. Lo sponsor entra a fondo nel gioco culturale: autore delle fotografie e sponsor si dividono i compiti all'interno di una stessa attività, distruggere e riciclare (ma se il supporto cartaceo viene distrutto e riciclato, non vi è possibilità di riciclaggio, se non mentale, per le immagini. Dove finiscono le immagini?).

Certamente nel gesto di Zaffagnini sono contenute più violazioni: è violata l'inquadratura e il lavoro di collaborazione fra la macchina e il fotografo che ad essa dà luogo; è violato lo sguardo che si applica alla realtà e opera scelte nell'atto stesso del fotografare; è violata la cosiddetta "composizione" (termine fotoamatoriale strappato alla pittura contro il quale ha lottato in effetti tutta la fotografia contemporanea); è violato infine l'oggetto fotografia, con il suo formato e la sua fisicità.

Penso prima ai tagli di Lucio Fontana nella tela del quadro, non dipinto, però, e poi mi vengono in mente due diverse situazioni.

La prima riguarda gli strappi che Mimmo Jodice compie nei primi anni Settanta a dimostrare, in clima di forte emergenza del linguaggio della fotografia e di urgenza di dimostrare, da parte di molti, che la fotografia non è solo riproduzione, che l'immagine, non essendo la realtà, ha un corpo di carta che costituisce una realtà altra. La violazione di Jodice, bilanciata dal fatto che egli ricompone insieme i pezzi delle fotografie strappate ridando vita all'opera, mirava in quegli anni a una più alta valorizzazione dell'oggetto e del concetto stesso di fotografia attraverso l'imposizione all'opera di un marchio di unicità simile a quella del collage.

Poi penso al lavoro di un artista canadese, John Dean, presente alla Biennale di Venezia del 1999: un robot in continuo movimento col suo braccio meccanico pesca da un contenitore una fotografia alla volta (fotografie varie, di ogni tipo), la porta all'attenzione dell'osservatore il quale può decidere: se toccherà con la sua mano una sagoma a forma di mano che gli sta davanti, allora il robot la rimetterà nel contenitore; se si asterrà dal toccare la sagoma, il robot porrà la fotografia in una macchina tritadocumenti che velocemente la trasformerà in piccole strisce di carta (ricordo una bambina che non accettando che il robot distruggesse le fotografie, rifiutava di abbandonare il suo posto davanti alla sagoma della mano, che continuamente toccava in un'opera di salvataggio). Nel lavoro interattivo di Dean la distruzione delle fotografie rappresentava simbolicamente la fine di una memoria che si affida alle immagini, alla carta, agli oggetti fisici dunque, ad opera della tecnologia. Il robot rappresentava anche, più in generale, il passare del tempo e l'avvicendarsi inesorabile delle civiltà.

Ciò che Zaffagnini fa è invece qualcosa di diverso. È un gesto di autoriflessione e di autocritica. È, anche, la provocazione di uno shock.

Da tanti anni autore di raffinate fotografie di paesaggio diurne e notturne, studioso del paesaggio contemporaneo, compagno di strada di molti paesaggisti italiani e conoscitore degli autori internazionali, per tanti anni impegnato ad aiutare l'affermazione dell'identità culturale della fotografia, oggi strappa le sue fotografie di paesaggio e parla di *carte riciclate*.

Giovanni Zaffagnini pare interrogarsi su più fronti: che cosa facciamo, oggi, della nostra fotografia di paesaggio che per tanti anni abbiamo coltivato come forma di indagine di tutto ciò che è esterno a noi, e, insieme, come sistema complesso volto al tentativo di misurare questo nostro mondo in trasformazione? Che sia, questo, un momento di perdita di senso, di sfiducia nella possibilità della fotografia di stabilire veramente un contatto con il mondo? E che cosa facciamo, oggi, della fotografia cartacea *tout court*, prodotto di macchina chimici carta, davanti a una tecnologia digitale che avanza e copre ogni area dell'immagine e, quasi, del pensiero? Quale il significato della carta di fronte a una virtualità che capiamo essere destinata a dominare totalmente la comunicazione e a guidare la memoria? E poi, ancora: quale nuova sfida possiamo offrire a un mercato dell'arte che oggi, dopo tanta diffidenza, si dimostra così benevolente, anzi desideroso, nei riguardi della fotografia? Accetterà, questo mercato affamato, anche dei provvisori e modesti frammenti, degli avanzi di fotografie? Mangerà anche i resti? Le fotografie sono merce come ogni altra cosa e così come il mercato ricicla e riutilizza ogni tipo di merce invecchia-

ta, fuori moda, finita, riciclerà anche le fotografie fatte a pezzi. In fondo la fotografia ha sempre avuto la caratteristica, la forza si potrebbe dire, di essere un oggetto imbarazzante per il mercato, vuoi in quanto immagine troppo facile perchè eseguita a macchina, vuoi in quanto opera riprodotta e dunque priva dell'aura dell'unicità, vuoi in quanto oggetto deperibile di cui diffidare, poco adatto al collezionismo, vuoi perché arte "povera", fatta in fondo solo di sguardo e progetto. Però sappiamo come proprio questi "limiti" della fotografia, in particolare questo suo essere concetto, azione, relazione più che oggetto, abbiano scardinato alcuni principi dell'arte in generale.

Compiendo ripetuti strappi (gesto radicale, quello di strappare la carta, ma anche semplice, quotidiano), Giovanni Zaffagnini sembra discutere anche sulla parola frammento tante volte utilizzata per indicare l'immagine fotografica: frammento di realtà, taglio sulla realtà, prelievo. Ma mentre le fotografie sono porzioni determinate da un'inquadratura, cioè, in genere da una scelta (fatta eccezione per i casi di scrittura fotografica automatica senza controllo dell'inquadratura), questi pezzi strappati derivano da un gesto di distruzione, e della distruzione portano con sé il significato. Eppure, a ben vedere, sono sempre immagini, ancora immagini. Come dire che anche l'immagine, come l'inquadratura, non finisce mai, e che finché vi è traccia, seppur minima, di qualcosa, vi è ancora immagine.

Vi è libro, anche. Come questo libro di carta, di pagine che recano di immagini strappate. Perché esistesse, il rito della riproduzione, della stampa, della rilegatura è stato rispettato, ed eccolo, ora, il libro, sul tavolo, sullo scaffale, fra le mani. Carta che invecchierà, se invecchierà, libro che verrà guardato, conservato a lungo o meno, drammaticamente gettato, insieme ai frammenti strappati del mondo che porta sulle sue pagine, e infine destinato a sua volta ad essere riciclato. Forse della morte e del successivo riciclaggio del libro si occuperà, domani, quello stesso sponsor che oggi ne permette la nascita.

Roberta Valtorta
Milano, 5 luglio 2001

Recycling Photography

I observe the torn photographs of Giovanni Zaffagnini: shreds of images of the contemporary landscape. No longer is it just the landscape which is in bits and pieces, but the photographs which refer to it as well.

After having decided the shot and selecting some of the images to be printed, and after printing them, I try to imagine the author while one by one he takes the photographs and tears them to pieces: *recycled papers*, he says. I see the table the photographs are lying on, still whole, still integral, and I then see the gesture of his hands and I see the pieces of paper with figures and colours accumulate inside the wastepaper bin, or perhaps on the floor. Only the pieces the author has saved remain on the table, pieces not different from the others, not better, but simply equivalent and, if anything, enriched with the aura that the remains embody (and prior to anything else one thinks of archaeology).

They could be new framings: cleaned of their edges, "dirtied" by the tears and given back the four sides of the rectangle or the square, these fragments would immediately become other framings, that type of framing dedicated to the detail, as is often carried out in photography, moreover. Although even like this, as we see them with their torn and indecisive edges, they are nevertheless still framings. As if from the destruction of one framing one always had the creation of another one. And always different.

Here and there Zaffagnini leaves some photographs "whole": a sort of "how we were" which reminds us of the appearance the (old) photographs had before the practice was taken up of reducing them to bits and pieces. The photographs that remain "whole" talk to us about suburbs, abandoned land, mass society and identical objects that repeat themselves. They appear to be the survivors of a massacre which would still like to tell their story, their memory, and hand down a little knowledge and awareness. I ask myself whether the missing scraps have been eliminated, "taking the road" of the recycling process together with every other type of paper or cardboard, or whether they still exist, preserved like relics in some hidden place or other, in a showcase, or simply piled on a shelf.

Te.am, coherent sponsor of this publication, is a Company that collects differentiated waste material. The sponsor fully enters the cultural play: the author of the photographs and the sponsor allocate the tasks of the same activity: destroying and recycling (although if the paper support is destroyed and recycled then there is no recycling possibility for the images, if not a mental one. Where do the images end up?).

Certainly more than one form of violation is contained in Zaffagnini's gesture: there is the violation of the framing and the work of collaboration between the machine and the photographer which gives rise to this; the eye is violated which applies itself to reality and carries out choices in the very act of photographing; the so-called "composition" is violated (a term of the photo amateur wrenched from painting and against which – effectively speaking – all of contemporary photography has battled); and, finally, the photography object is violated, with its format and its physicalness.

I first think of the cuts made by Lucio Fontana in the canvas of the painting, not painted however. Then two different situations come to mind.

The first regards the rips which Mimmo Jodice carried out in the opening years of the 1970's during an atmosphere of a concentrated emergency regarding the language of photography, combined with the necessity on the part of many to demonstrate that photography is not only reproduction, that in not being reality the image has a paper body which constitutes an other reality. Jodice's violation, balanced by the fact that he put the pieces of the torn photographs back together again, thus once again giving life to the work, during those years aimed at a greater evaluation-cum-consideration of the object and of the very concept of photography by way of imposing a sign of uniqueness on the work which was similar to that of the collage.

Secondly I think of the work of a Canadian artist, John Dean, who took part in the 1999 Venice Biennial with a robot in continuous movement, which with its mechanical arm fished a photograph – one at a time – from a container (holding a variety of photographs, of every sort). It then 'presented' the photograph to the spectators who had to decide: if with their hand they touched a model in the form of a hand that was in front of them then the robot would put the photograph back into the container; or if, instead, they didn't touch this hand the robot placed the photograph in a paper shredder which quickly transformed it into little strips of paper (and I remember a little girl who in not accepting that the robot destroy the photographs, and refusing to give up her place in front of the model hand, touched it continuously in an effort to salvage them). In Dean's interactive work the destruction of the photographs symbolically represented the end of a memory entrusted to images, to paper. In short, an end to physical objects produced by technology. And more generally speaking, the robot also represented the passing of time and the inexorable succession/alternation of civilizations. What Zaffagnini does, instead, is something different. It is – also – the provocation of a shock.

For many years an author of refined day and night landscape photographs, a "scholar" of the contemporary landscape,
"fellow traveller" of many Italian landscape artists, a connoisseur of international authors, and for so many years engaged in aiding the affirmation of photography's cultural identity, Zaffagnini today rips his landscape photographs to pieces... and talks about *recycled papers*.

Giovanni Zaffagnini seems to question himself on various fronts. What do we do today about our landscape photography, which we have cultivated for years as a form of investigation regarding everything that lies outside of us and, at the same time, as a complex system dedicated to the attempt at measuring this world of ours that is undergoing transformation? That this may be a moment of lost sense, of mistrust in photography's possibility in really establishing a contact with the world? And what do we do today with paper photography *tout court*, product of machine-chemicals-paper, in being faced by a digital technology that advances and covers every area of the image and – almost – of thought? What is the meaning of paper when faced with a virtuality that we understand to be destined to totally dominate communication and the guiding of the memory? But not only this. What new challenge can we offer an art market which today, and after so much diffidence, shows itself to be so benevolent – rather, so desirous – vis-à-vis photography? Will this famished market also accept provisional and modest fragments, leftovers of photography? Will it also eat the rest? Photographs are goods like any other thing and in the same way the market recycles and reuses every type of good which is old, out of fashion and finished, (exhausted), then likewise it will also recycle photographs that have been torn to pieces.

Basically, photography has always embodied the characteristic – the force, one might say – of being an object that is embarrassing for the market: be this because as an image it is too easily carried out with a machine; or because it is a reproduced work and therefore lacking the "aura" of uniqueness; or in so far as it is a perishable object, little suited to collecting; or else because it is ""poor" art, fundamentally made up only of the eye and the project. Nevertheless, we know how precisely these same "limits" of photography have "unhinged" some principles of art in general (limits, in particular, in its being concept, action, and relation rather than object).

In carrying out repeated rips and tears – and ripping paper is a radical gesture although also a simple, daily one – Giovanni Zaffagnini also seems to debate the meaning of the word "fragment," so often used in order to indicate the photographic image: fragment of reality, the cut regarding reality and the taking. However, whereas photographs are determinate portions from a framing (with the exception of the cases of automatic photographic writing, without control over the framing), these torn pieces are the result of a gesture of destruction and they embody the meaning of this same destruction. And yet in practice they remain images, they are still images. As if to say that also the image – like the framing – never finishes and that as long as there is even the most minimal trace of something then there is still the image. There is also the book. Like this book of paper, of pages that bear ripped images. So that the rite of reproduction migrit exist, printing and binding has been respected. And here it is now, the book on the table, on the shelf, in my hands. Paper that will age, if it does age. A book that will be looked at, kept for a more or less long period of time, dramatically thrown away, together with the ripped up fragments of the world it carries on its pages. And, finally, destined in its turn to be recycled. Perhaps tomorrow the same sponsor who has allowed it to see the light of day will busy itself with the death and successive recycling of this book.

Roberta Valtorta
Milan, 5th of July 2001
Translated by Howard Rodger MacLean

Come nei puzzle classici, i suoi puzzle avevano sottili orli rettilinei e bianchi,
e uso e ragione volevano che, come nel gioco del go, proprio dagli orli si
cominciasse a giocare.

Georges Perec, *La vita. Istruzioni per l'uso.*

Like classic jigsaw puzzles his puzzles had thin straight white edges, and
use and reason demanded that, like in the game of *go*, one should start to
play from the edges.

Georges Perec, *Life. A User's Manual.*

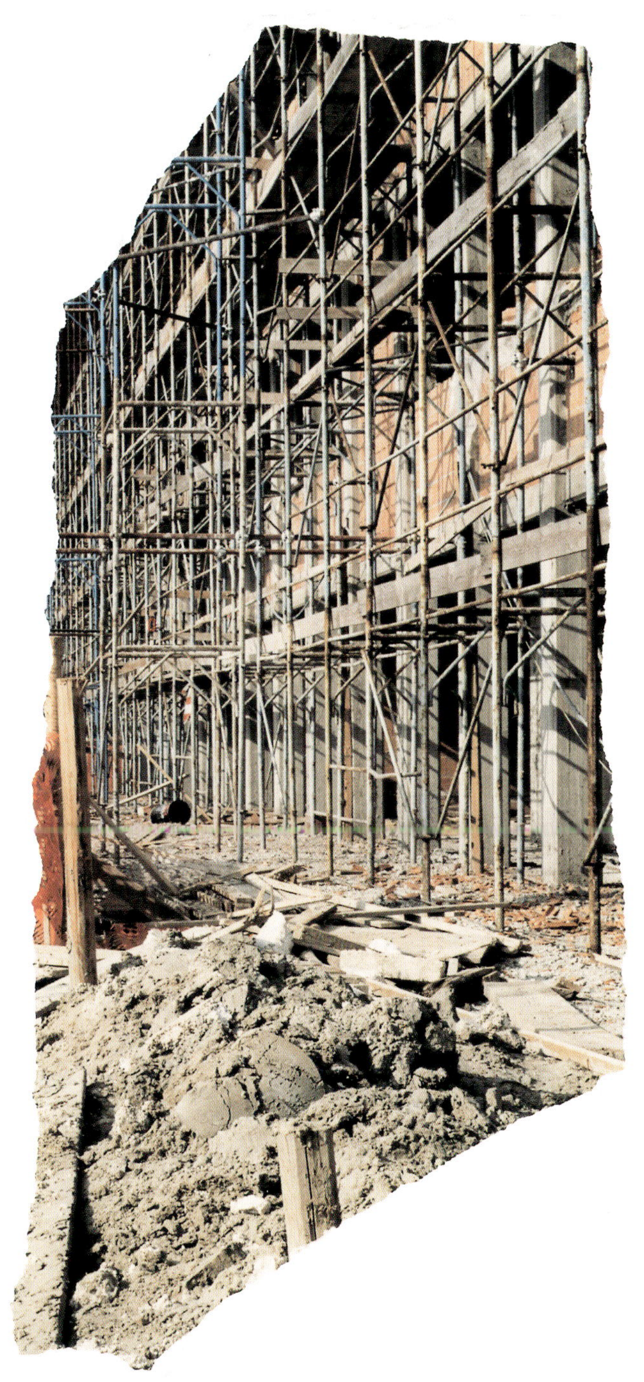

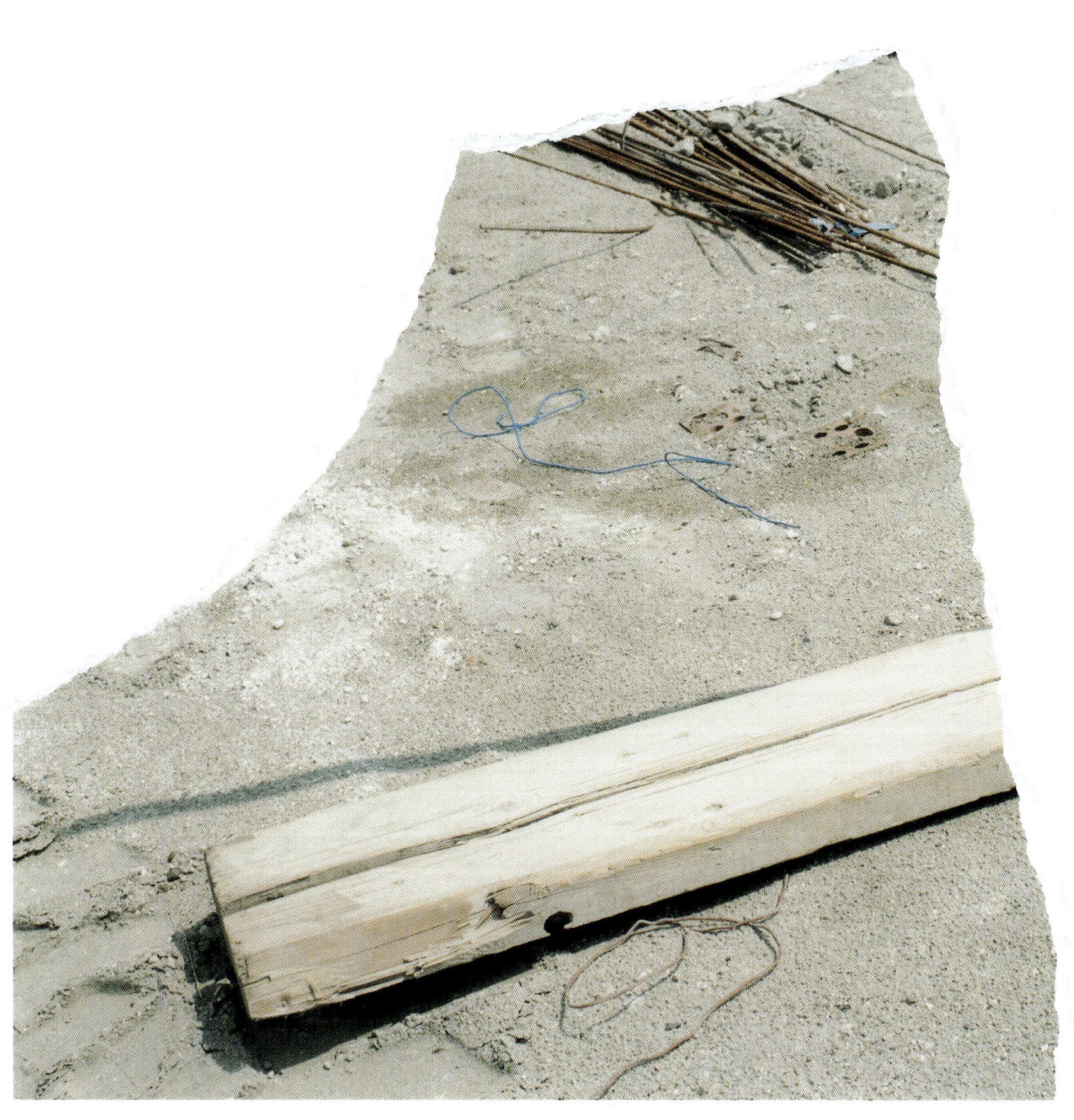

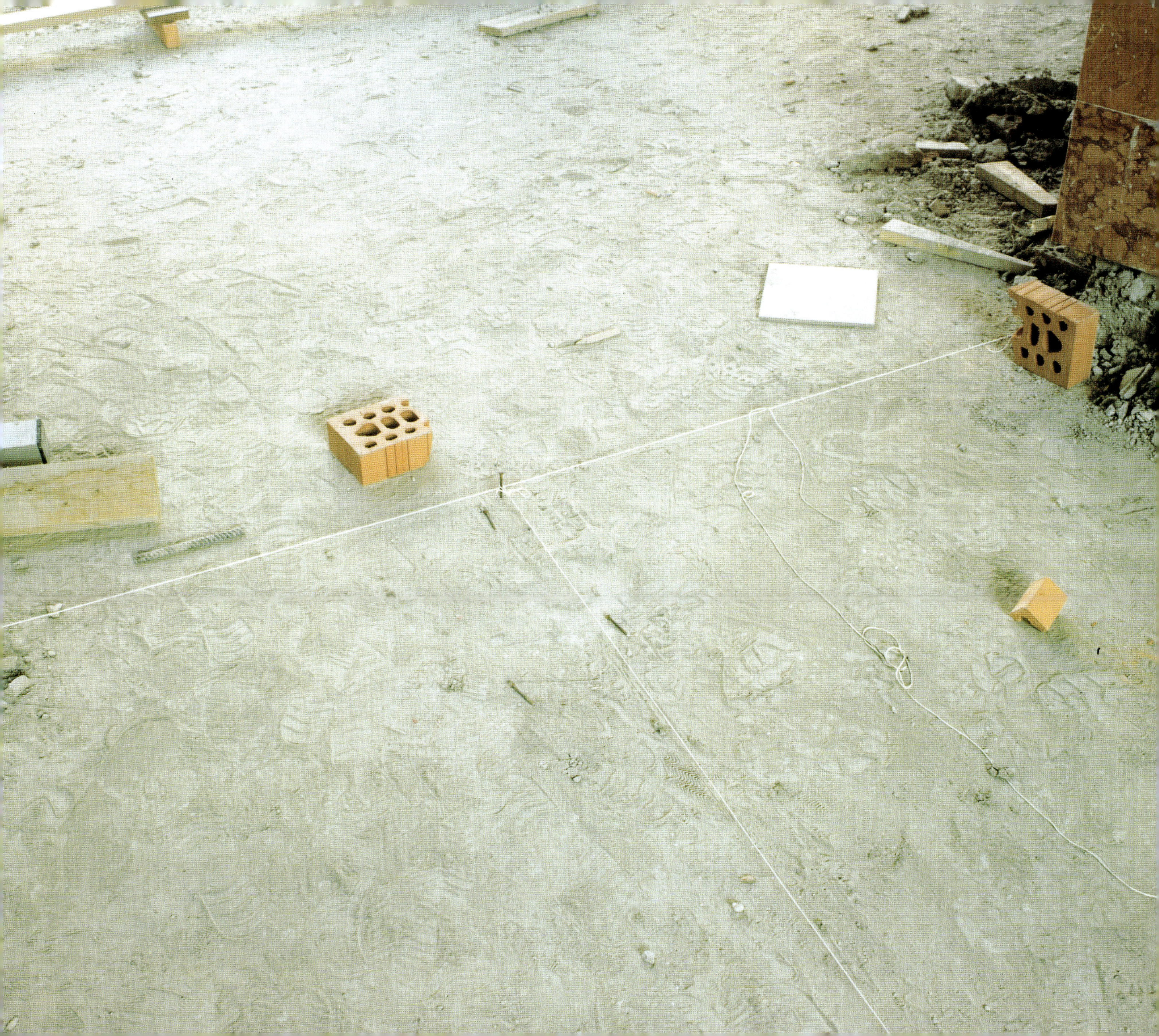

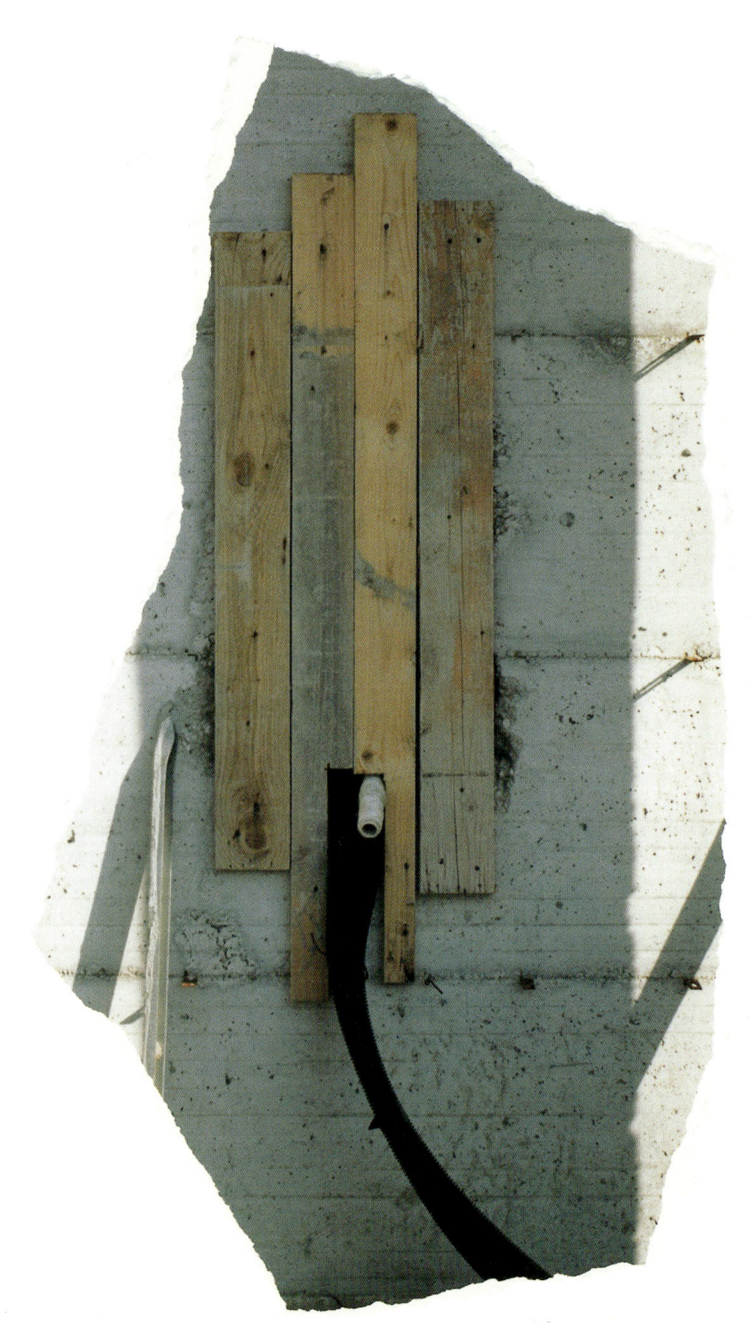

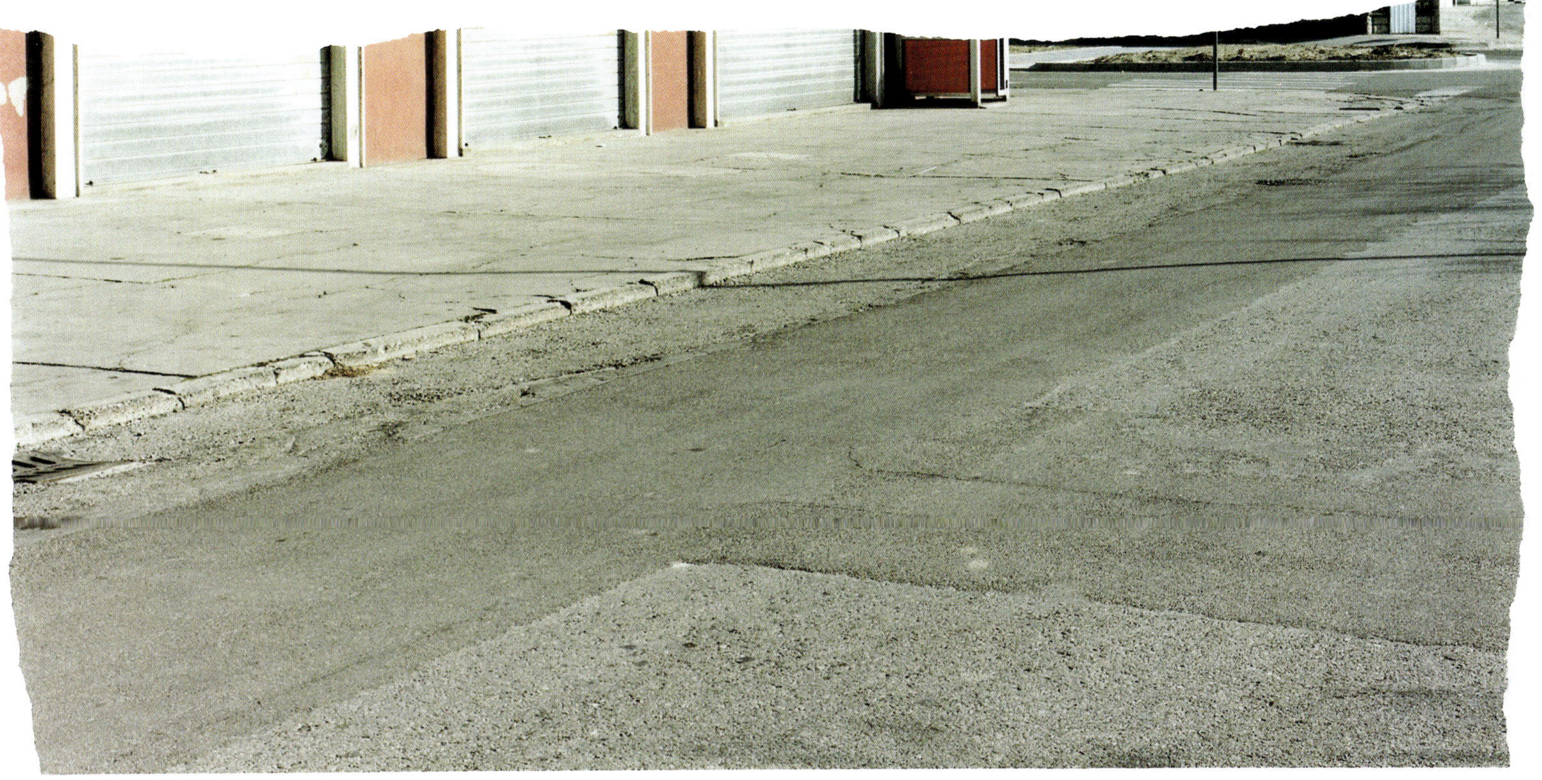

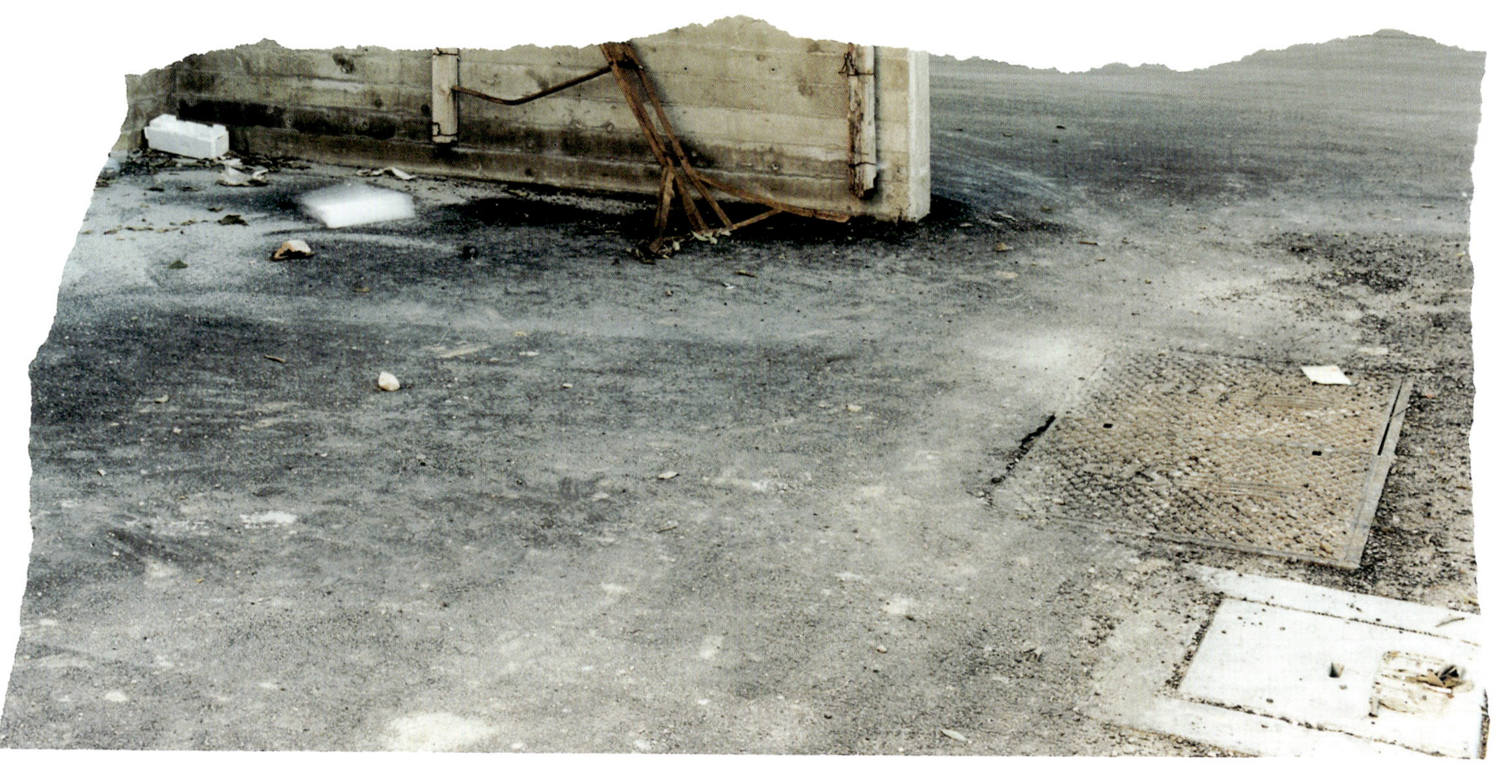

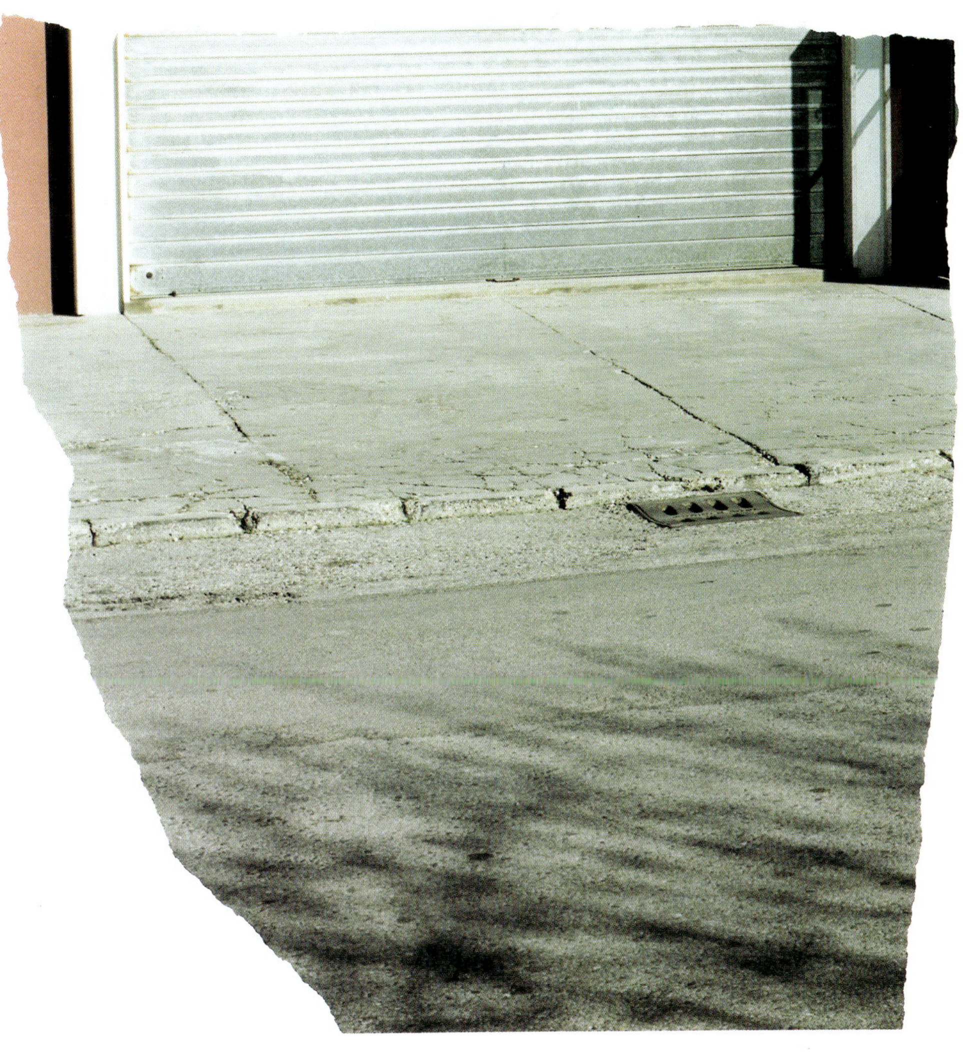

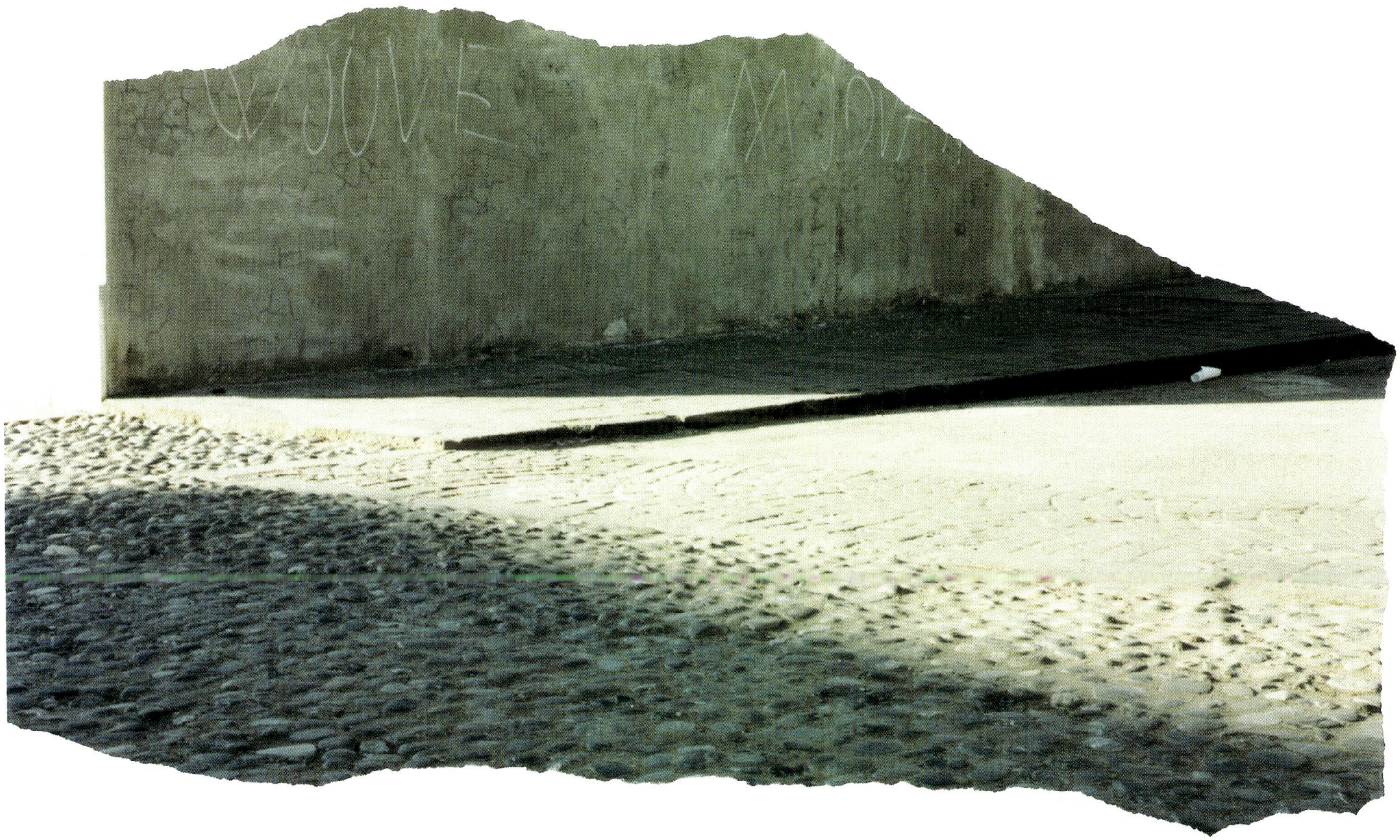

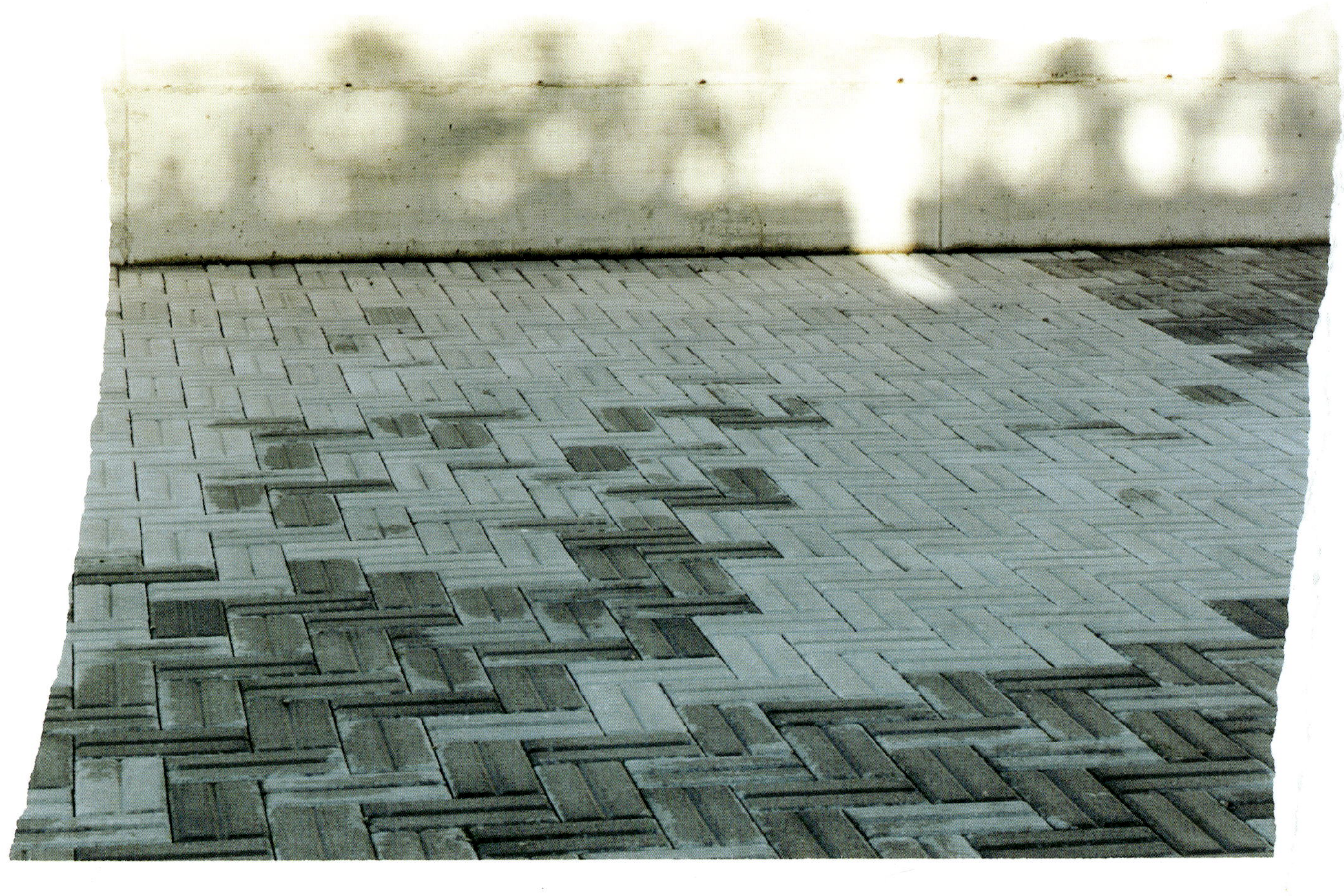

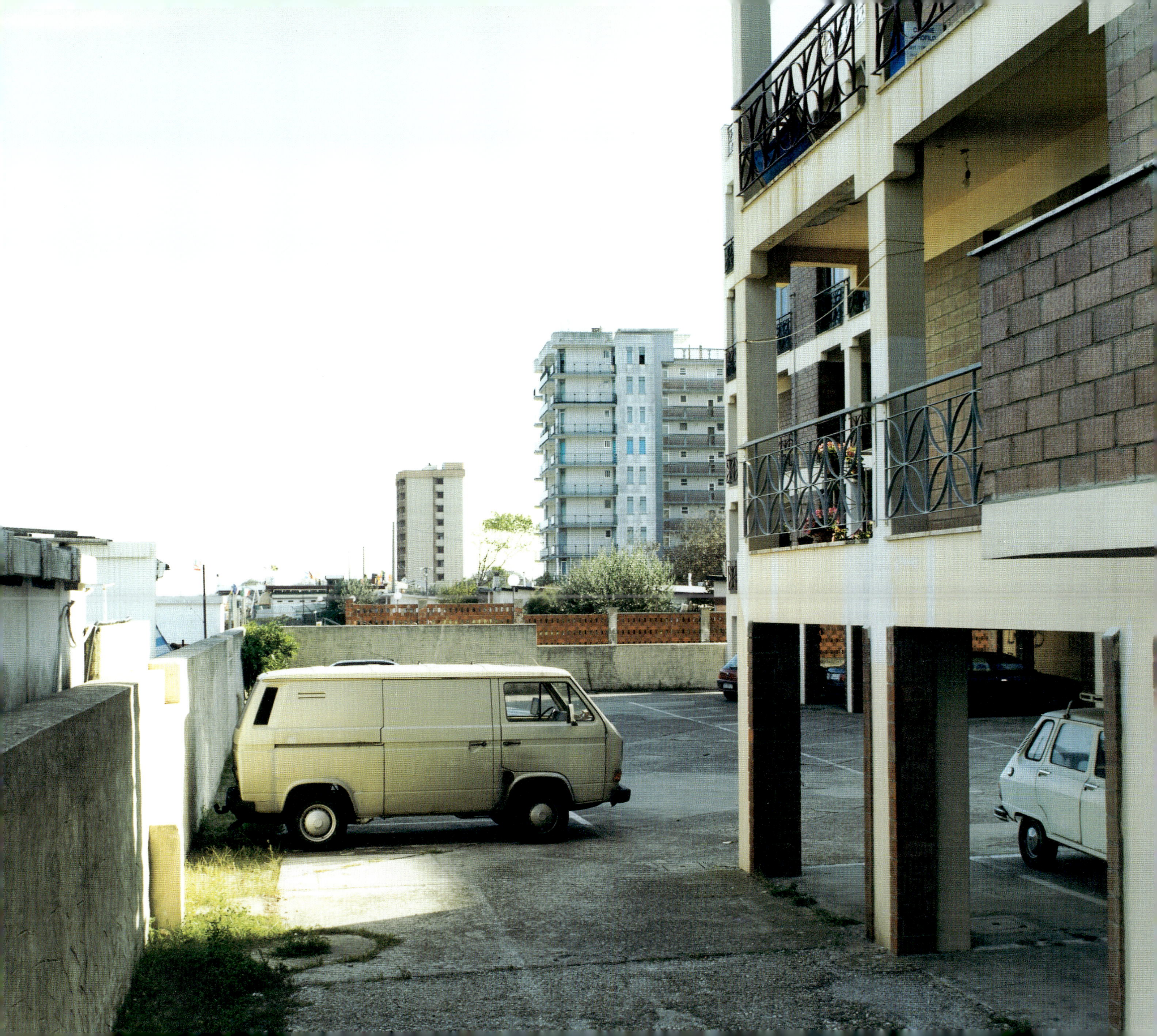

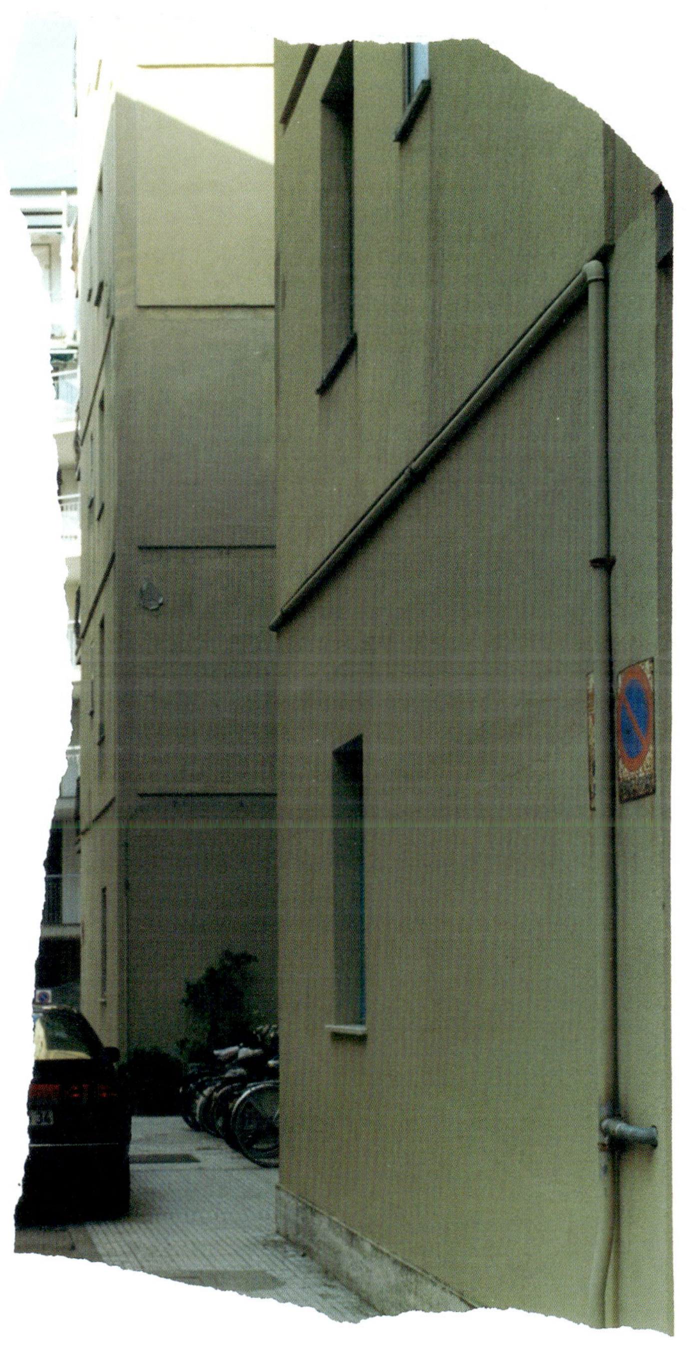

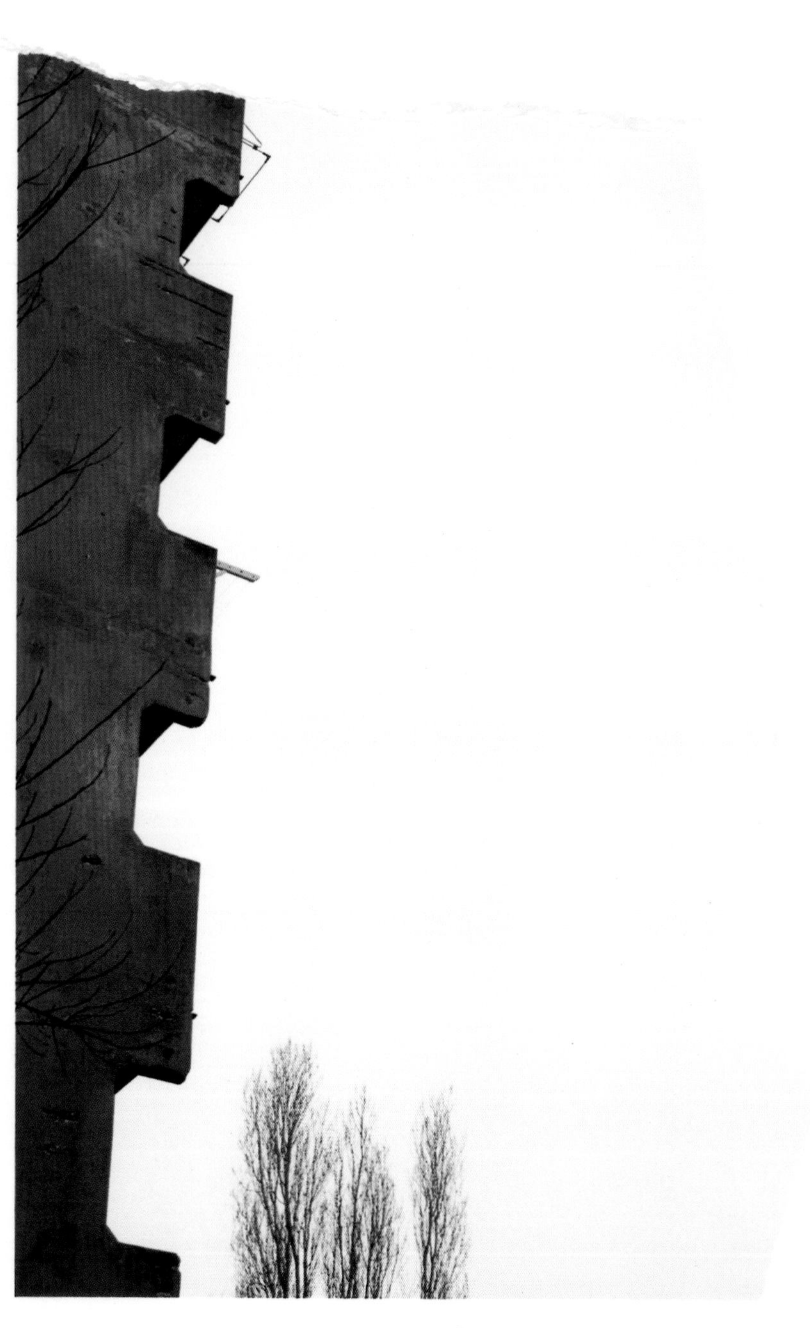

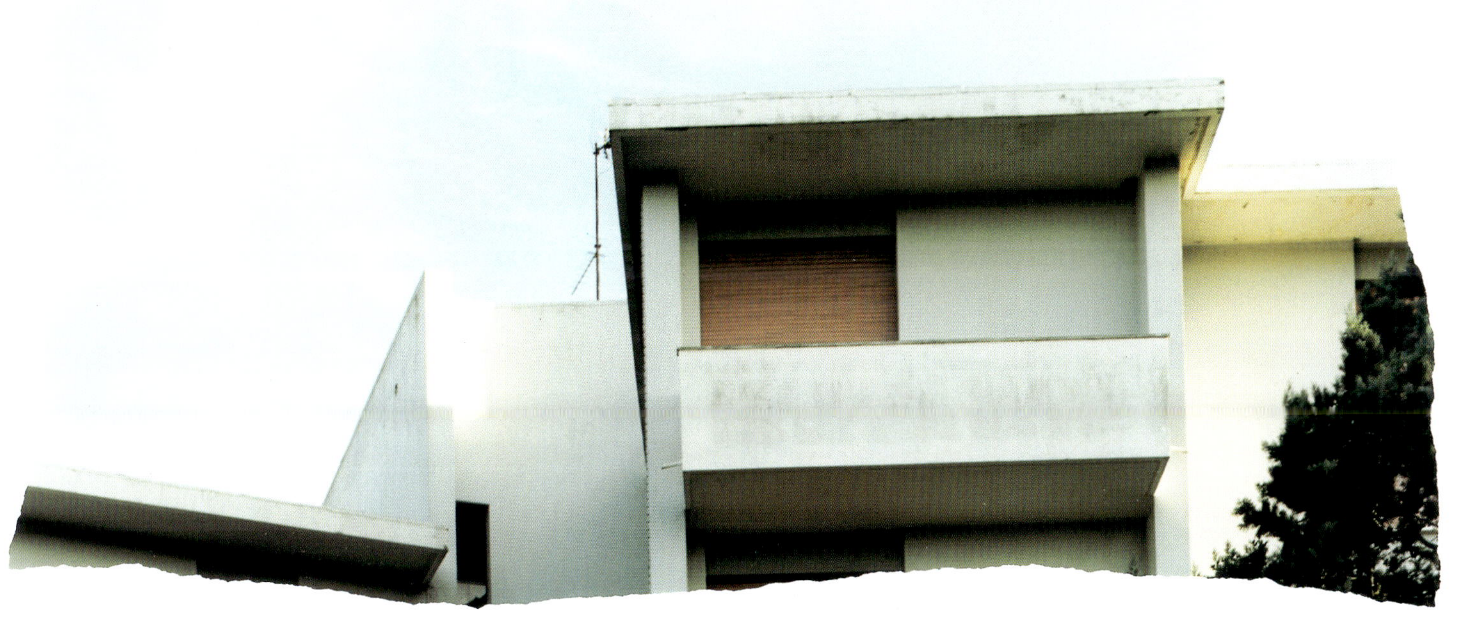

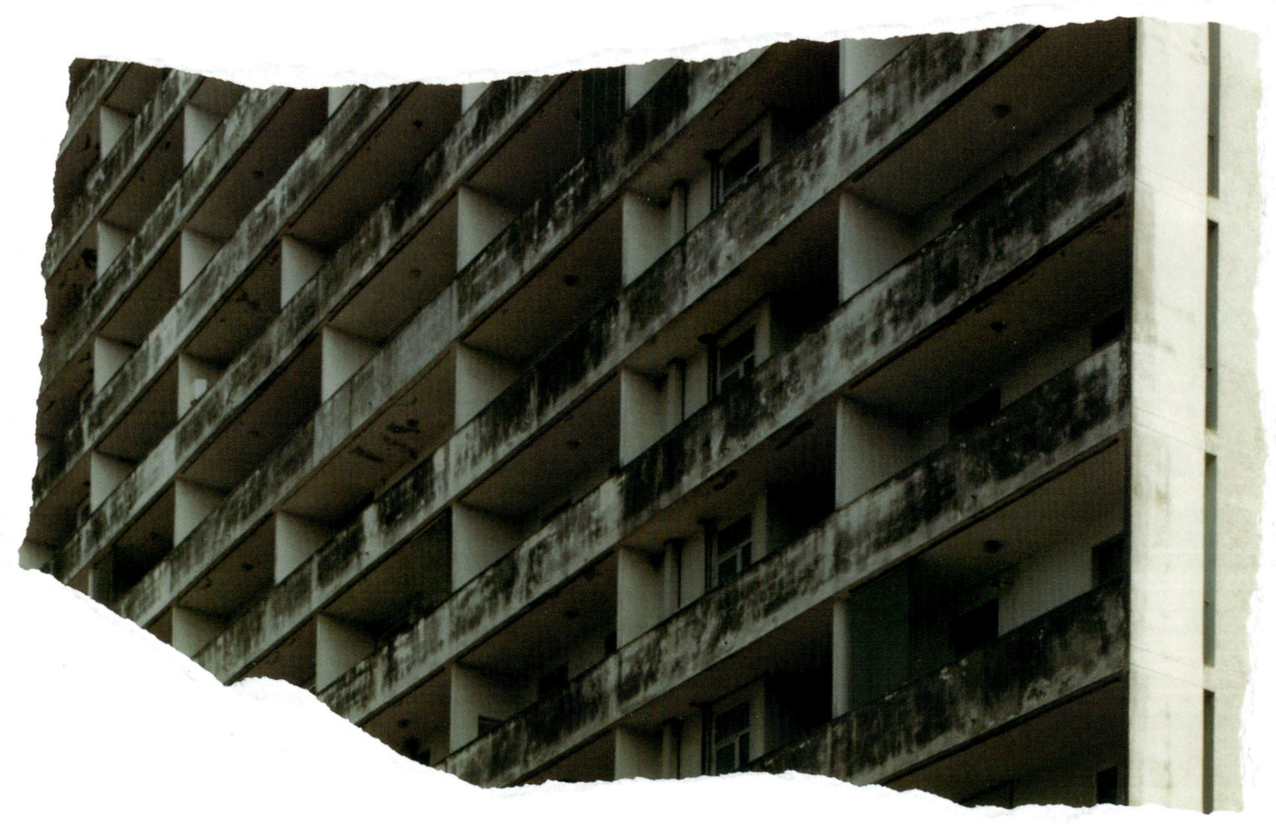

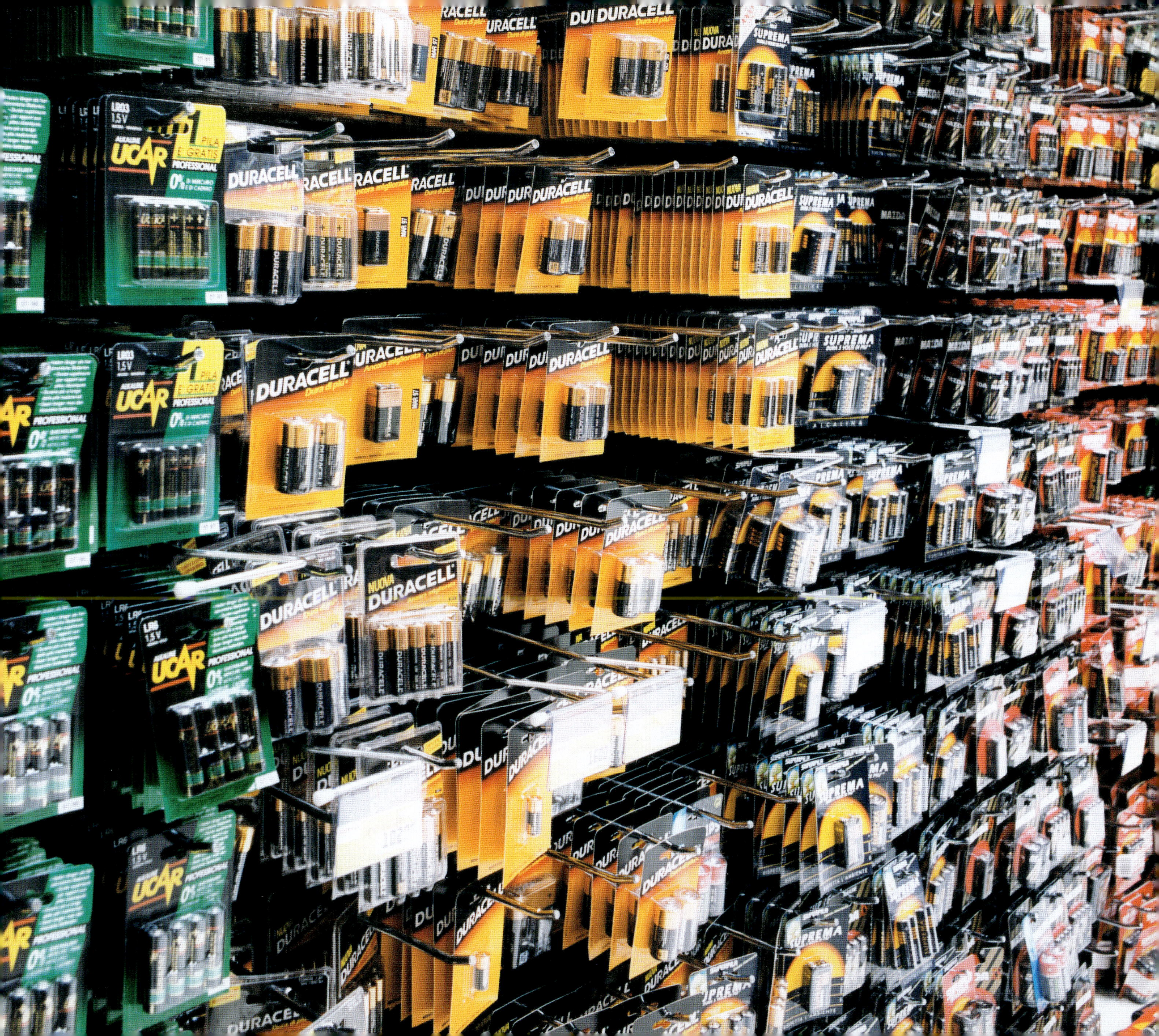

La merce esposta è protetta con
sistemi elettronici

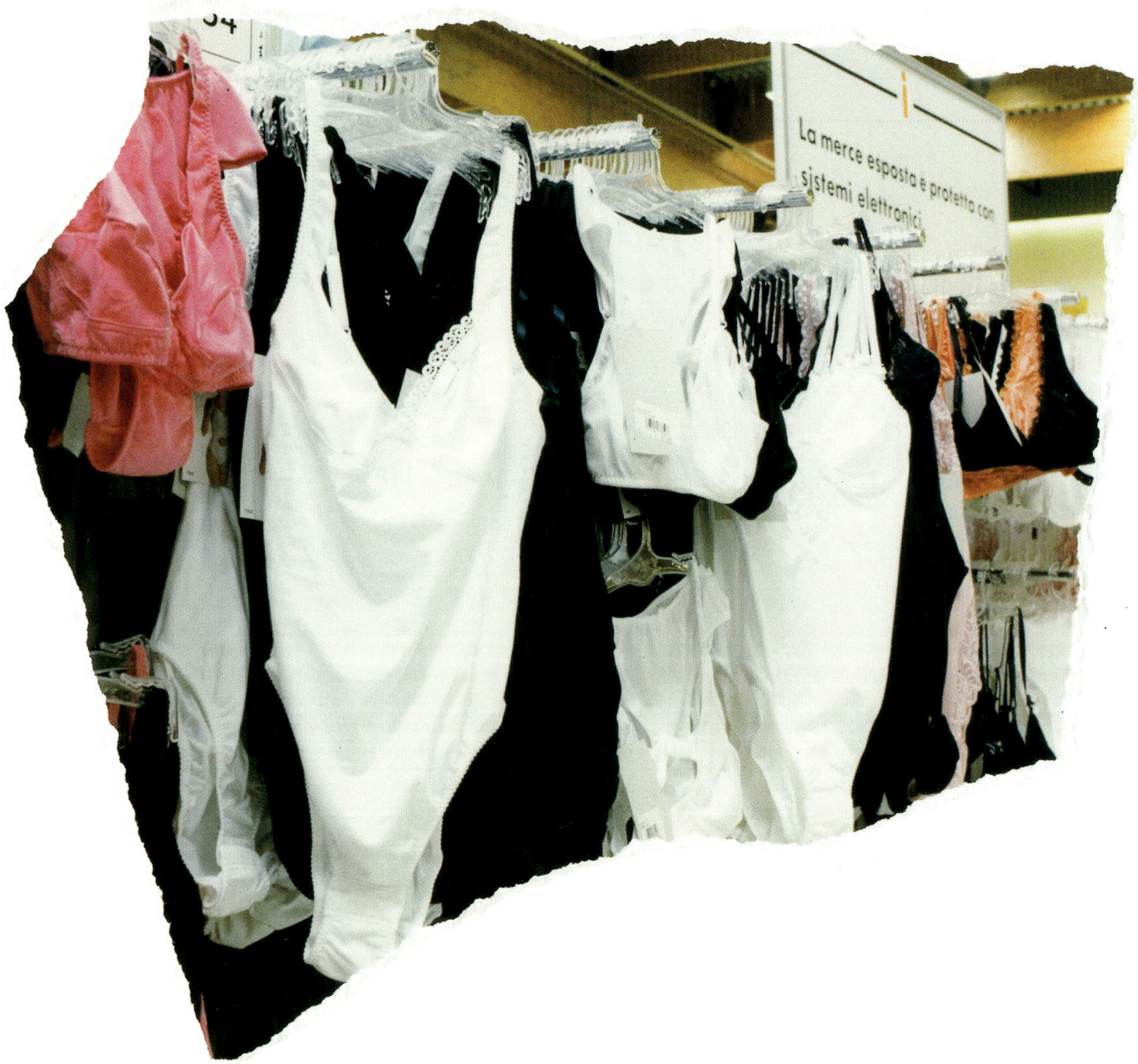

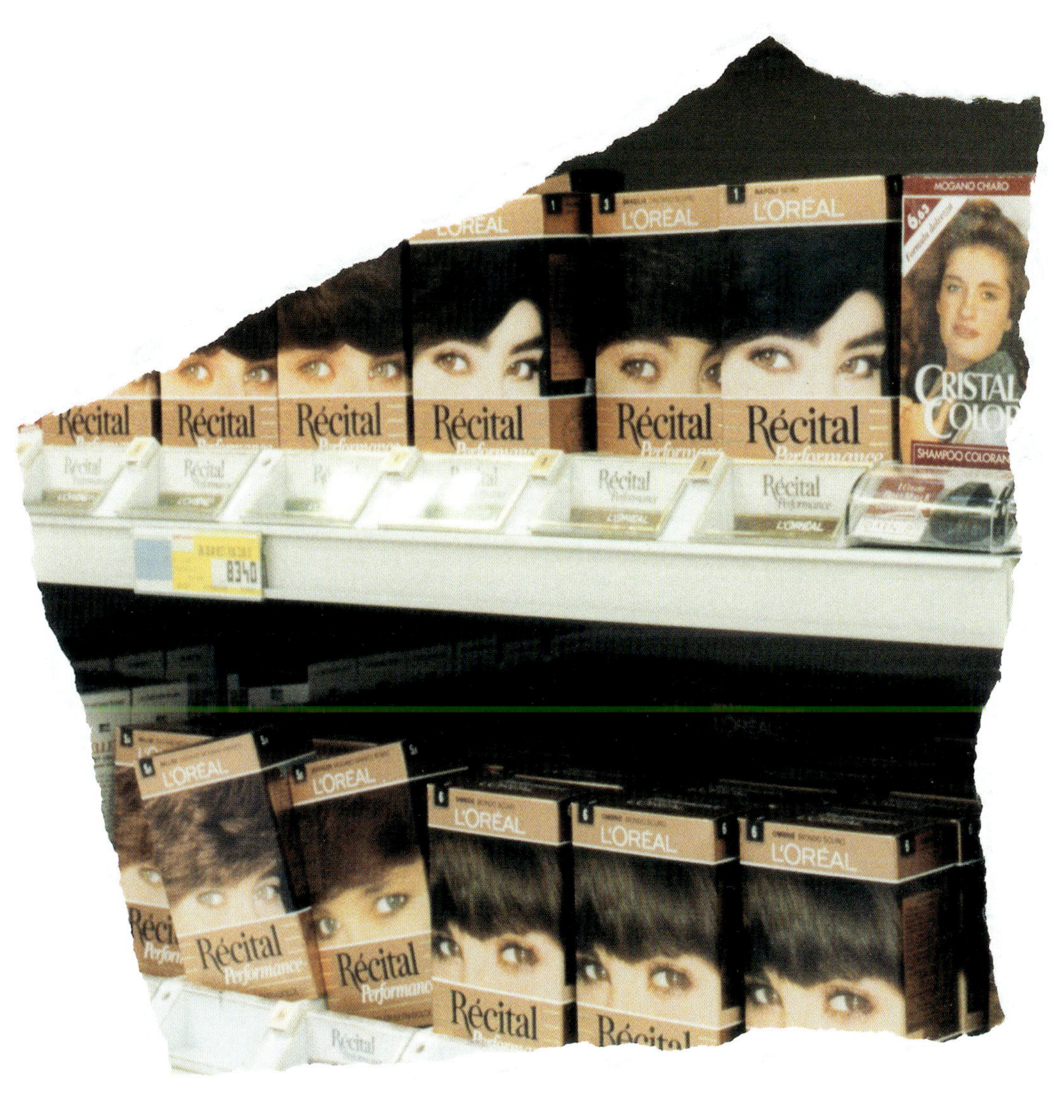

L'ORÉAL
Récital
Performance
CRISTAL
COLOR
MOGANO CHIARO
SHAMPOO COLORANTE
8340

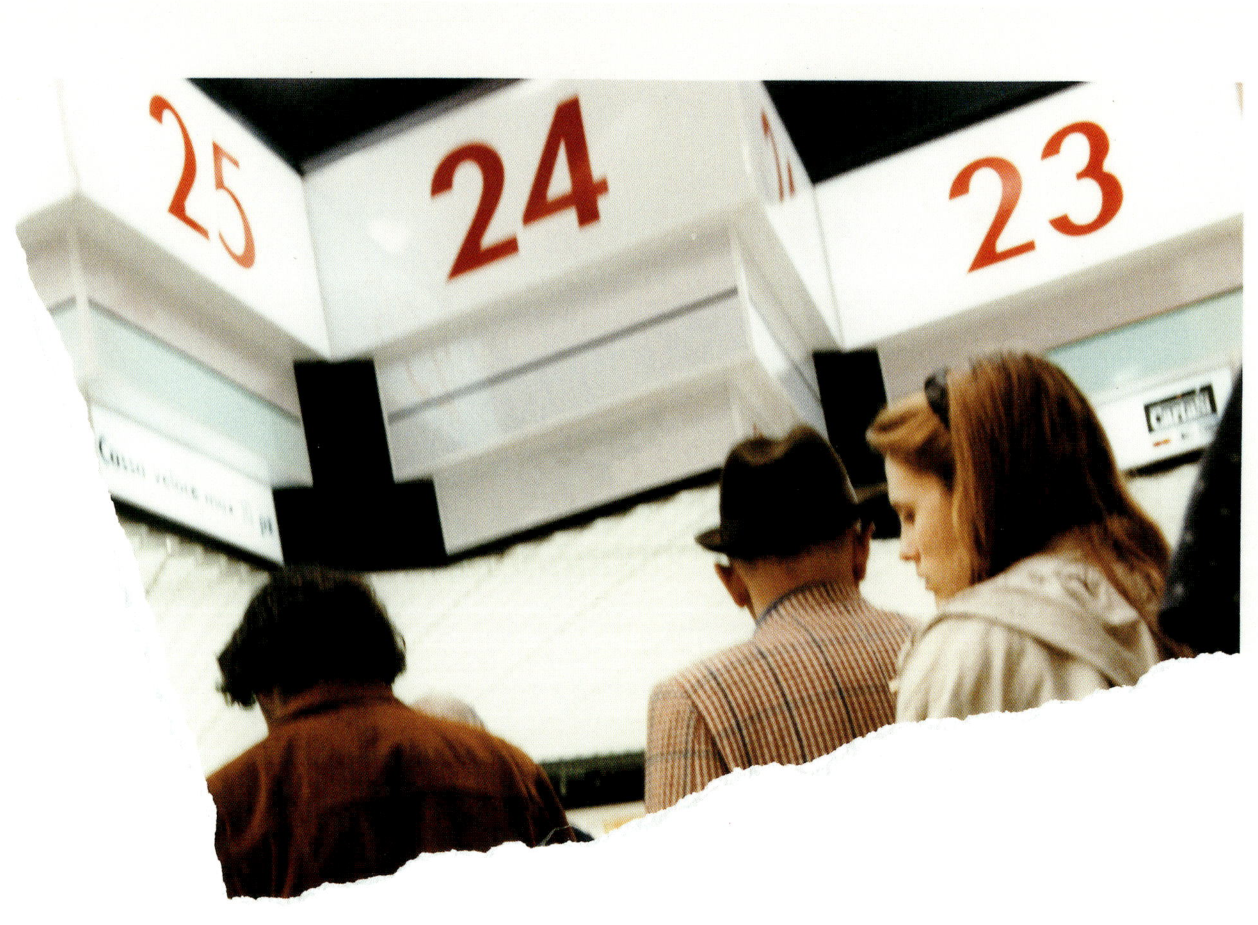

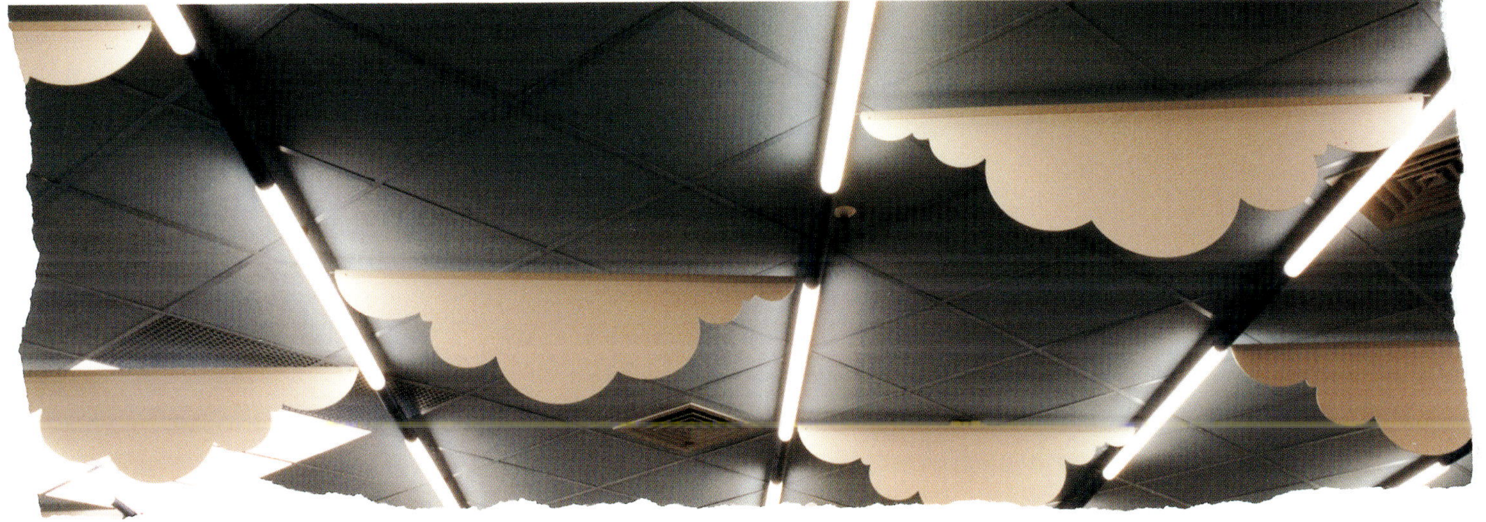

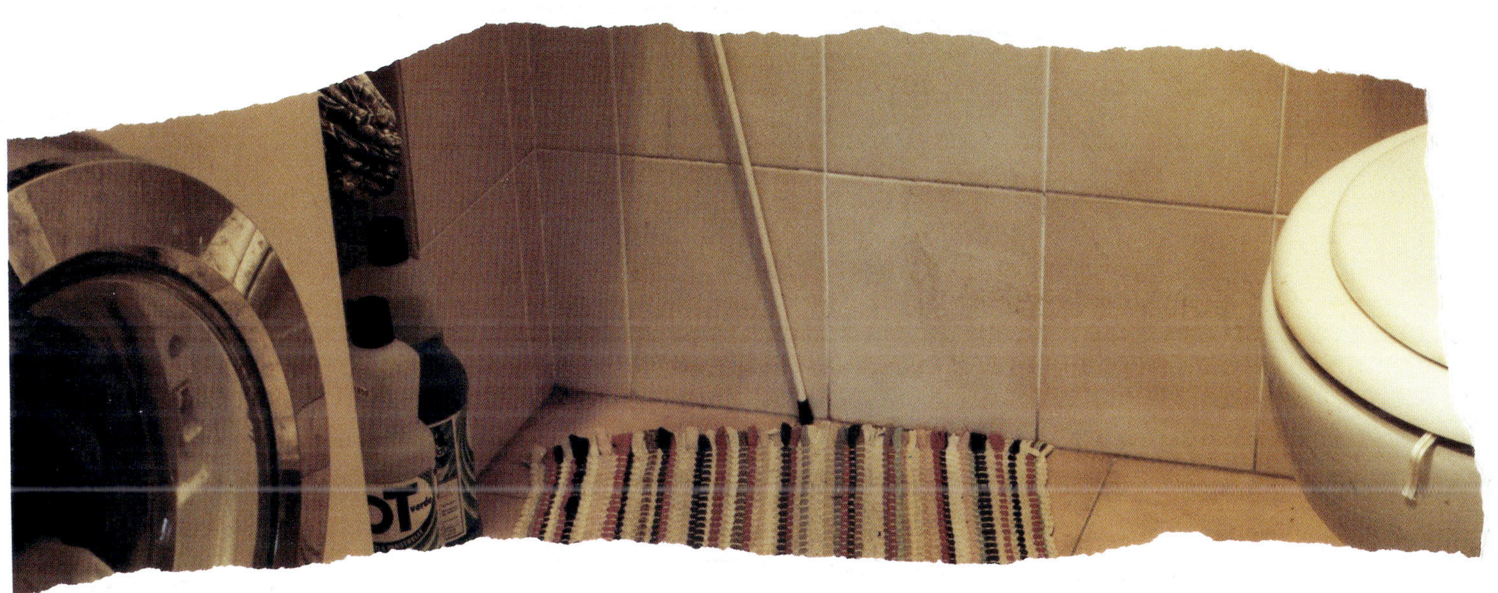

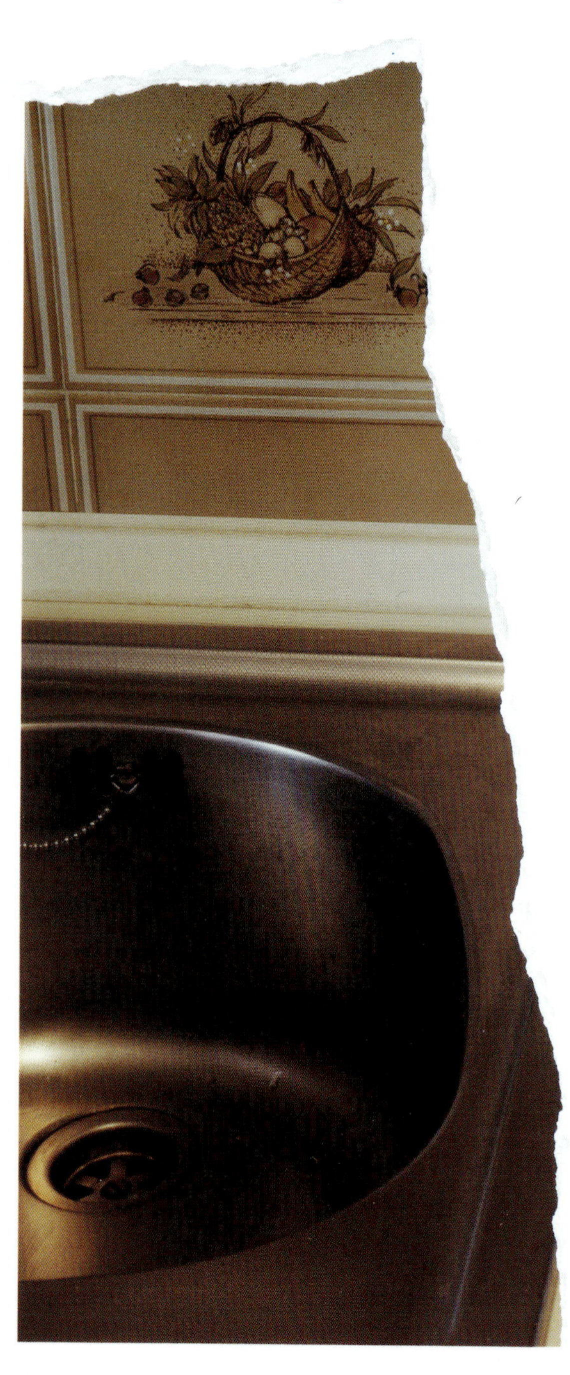

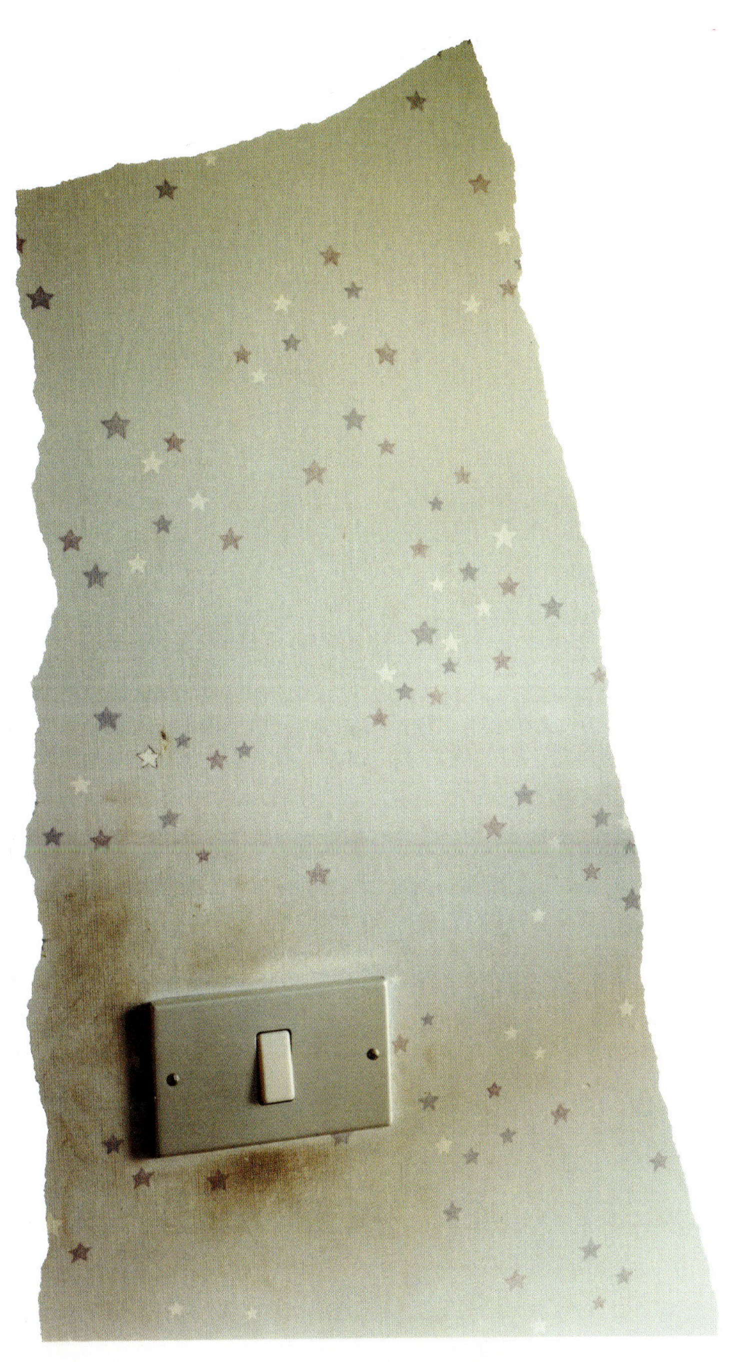

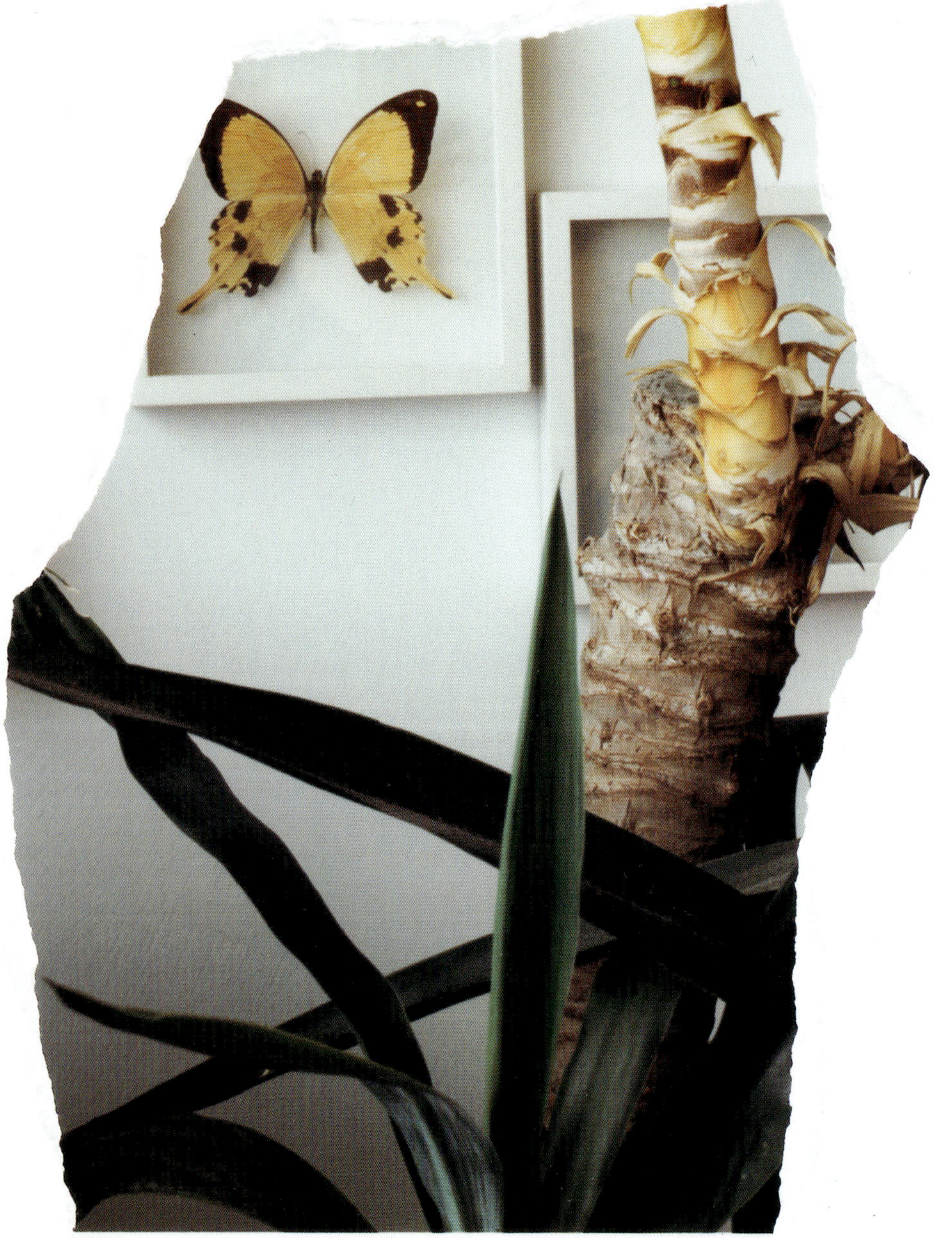

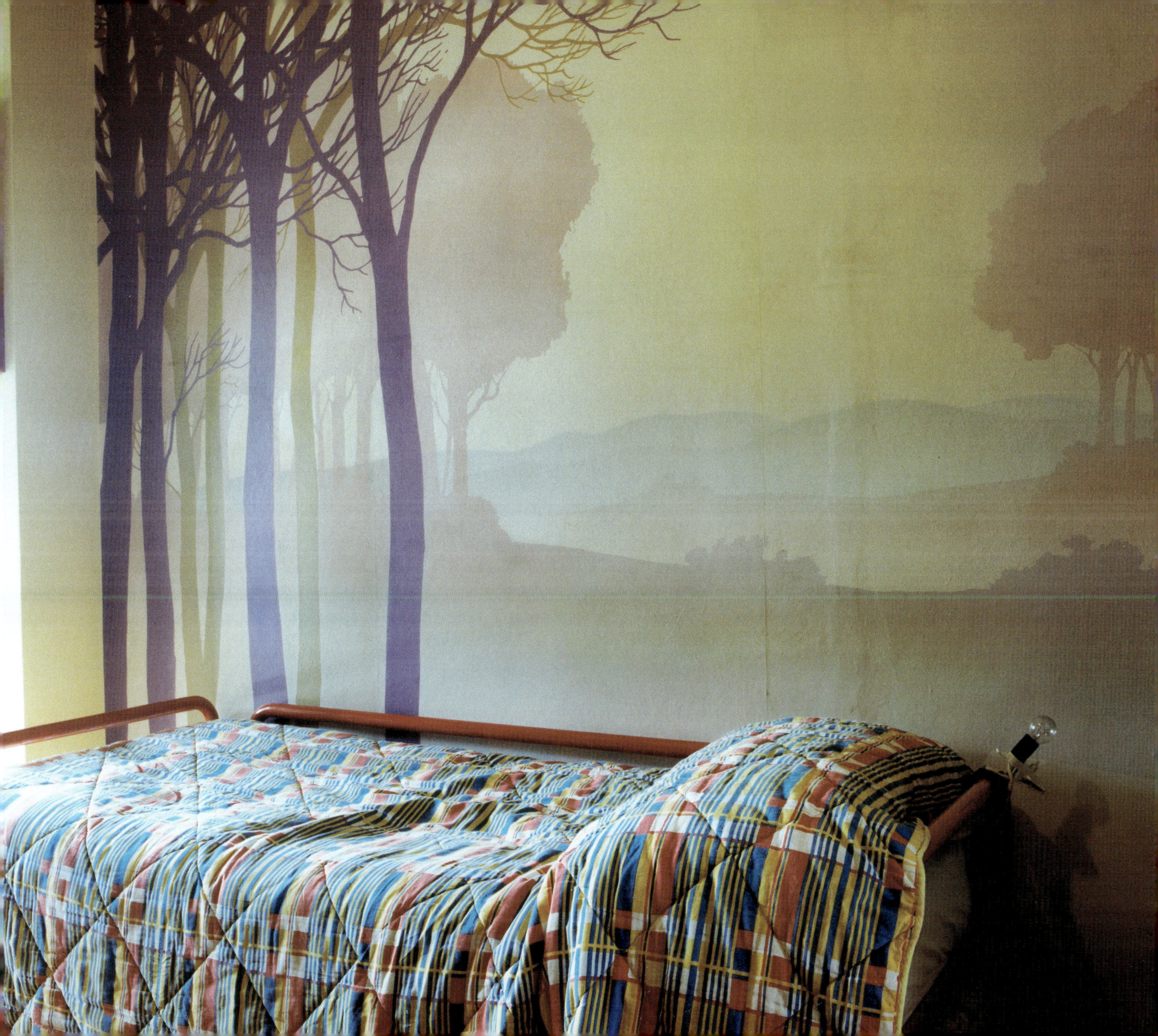

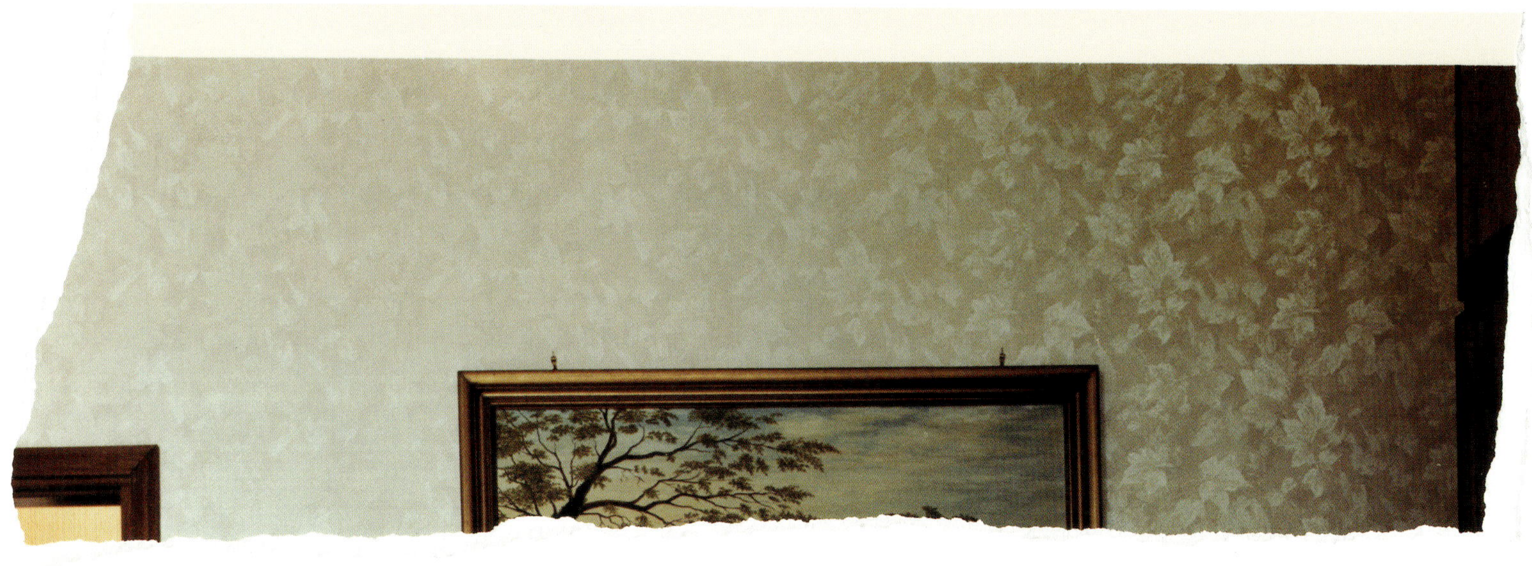

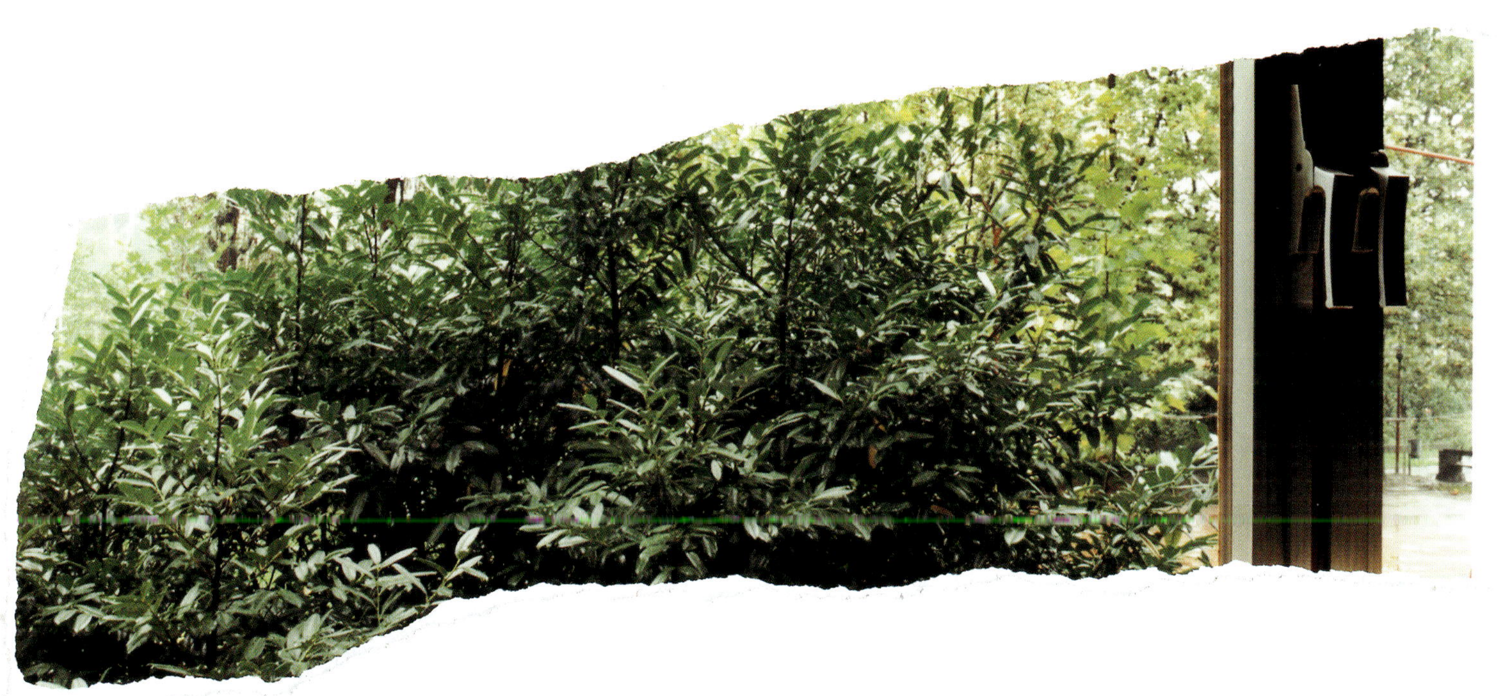

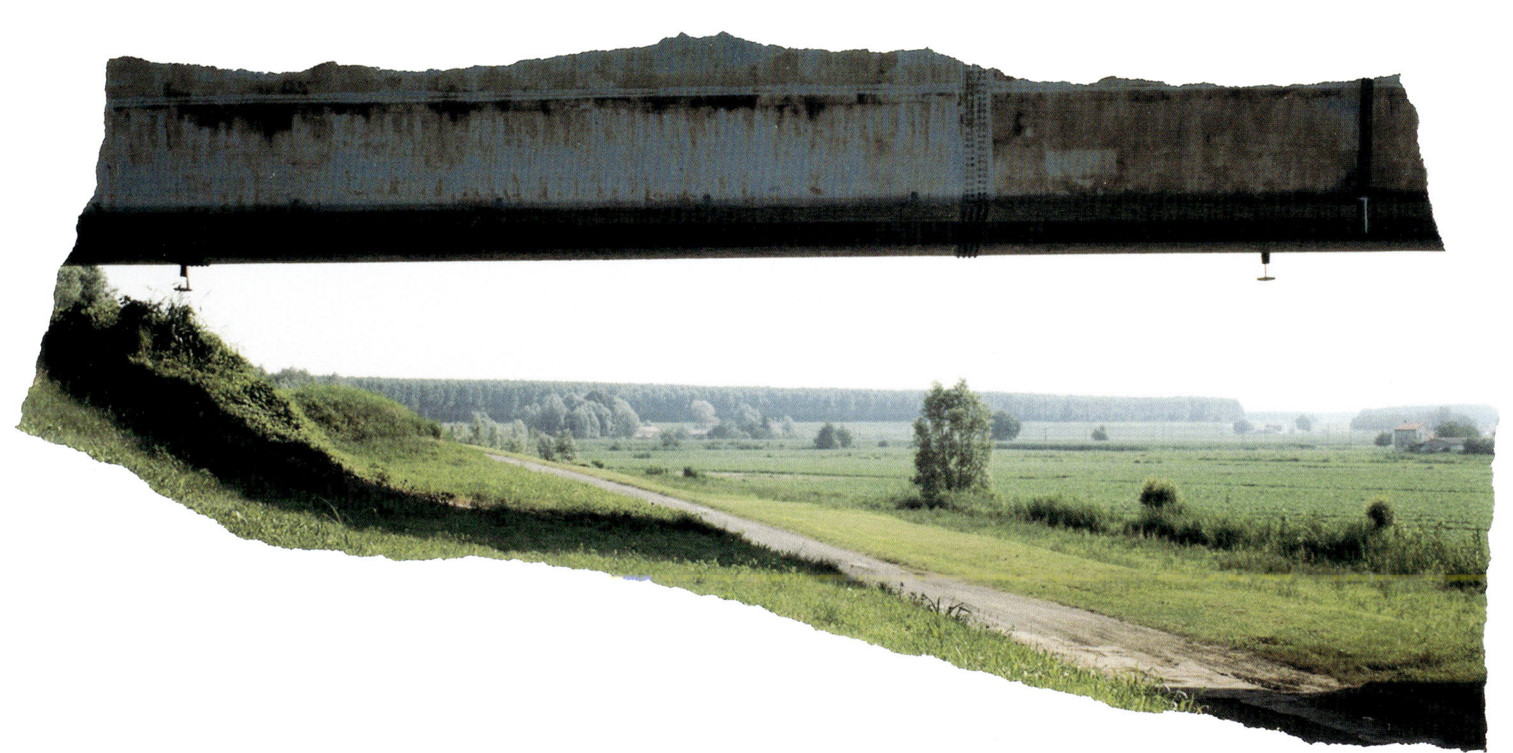

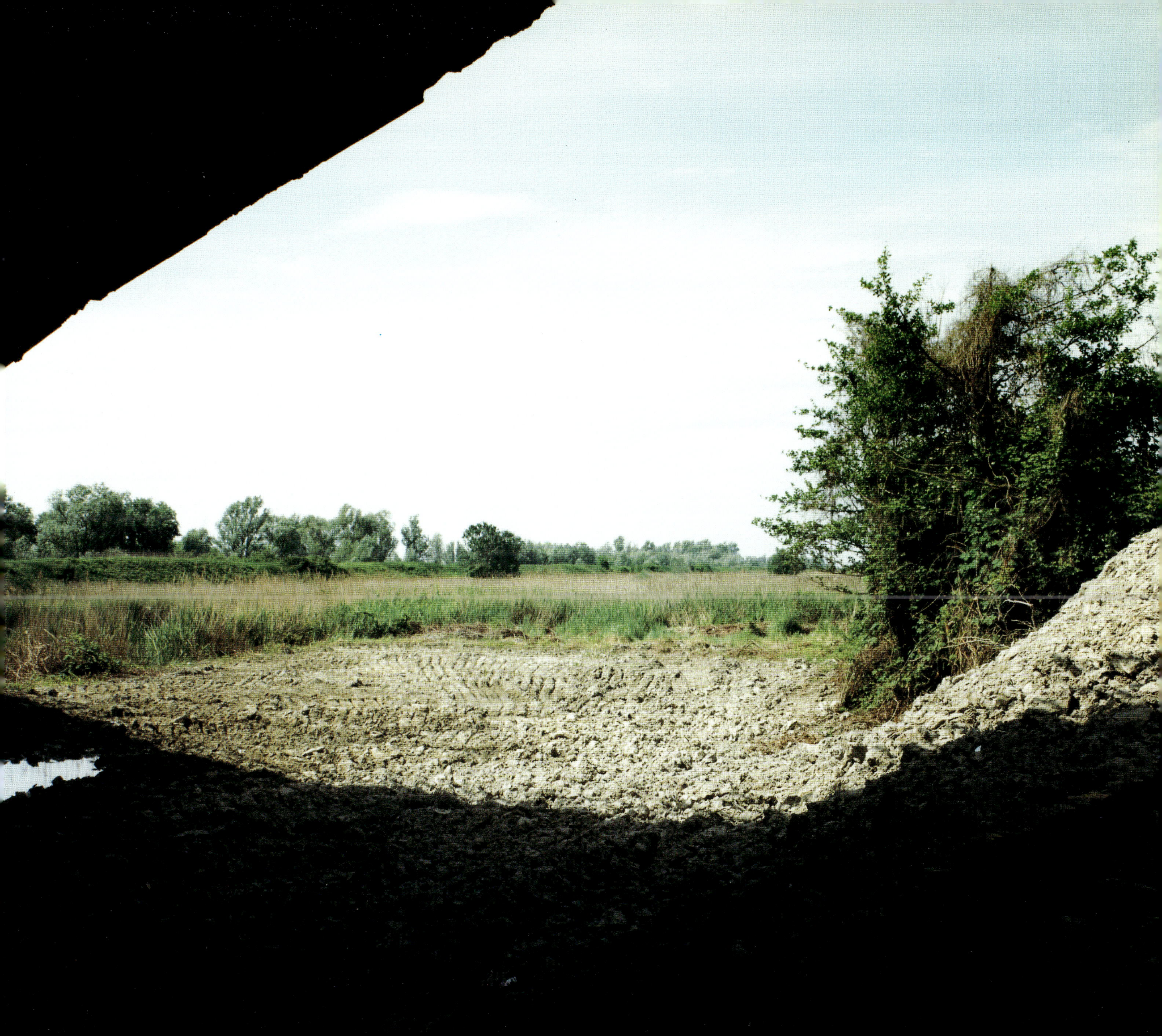

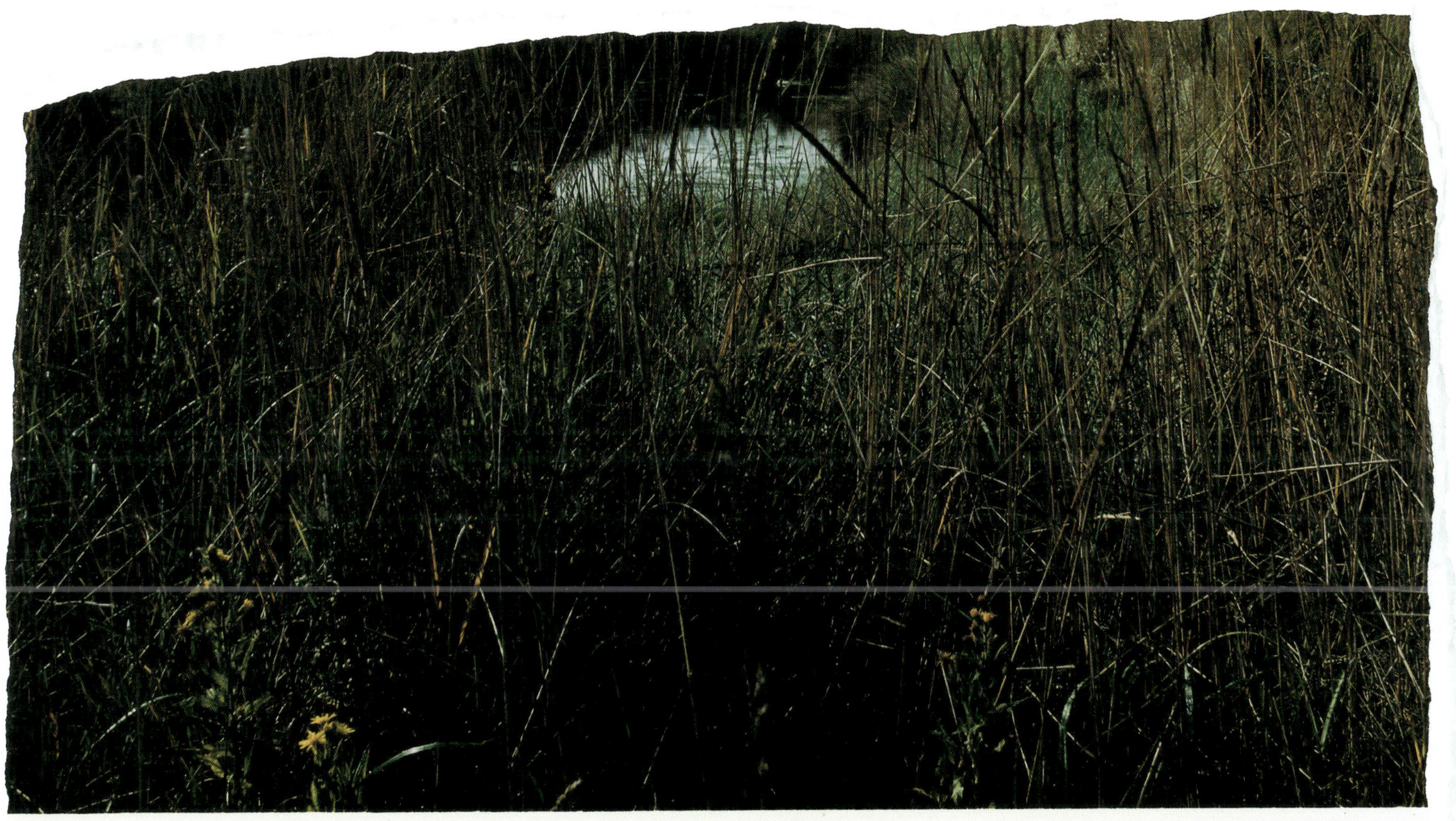

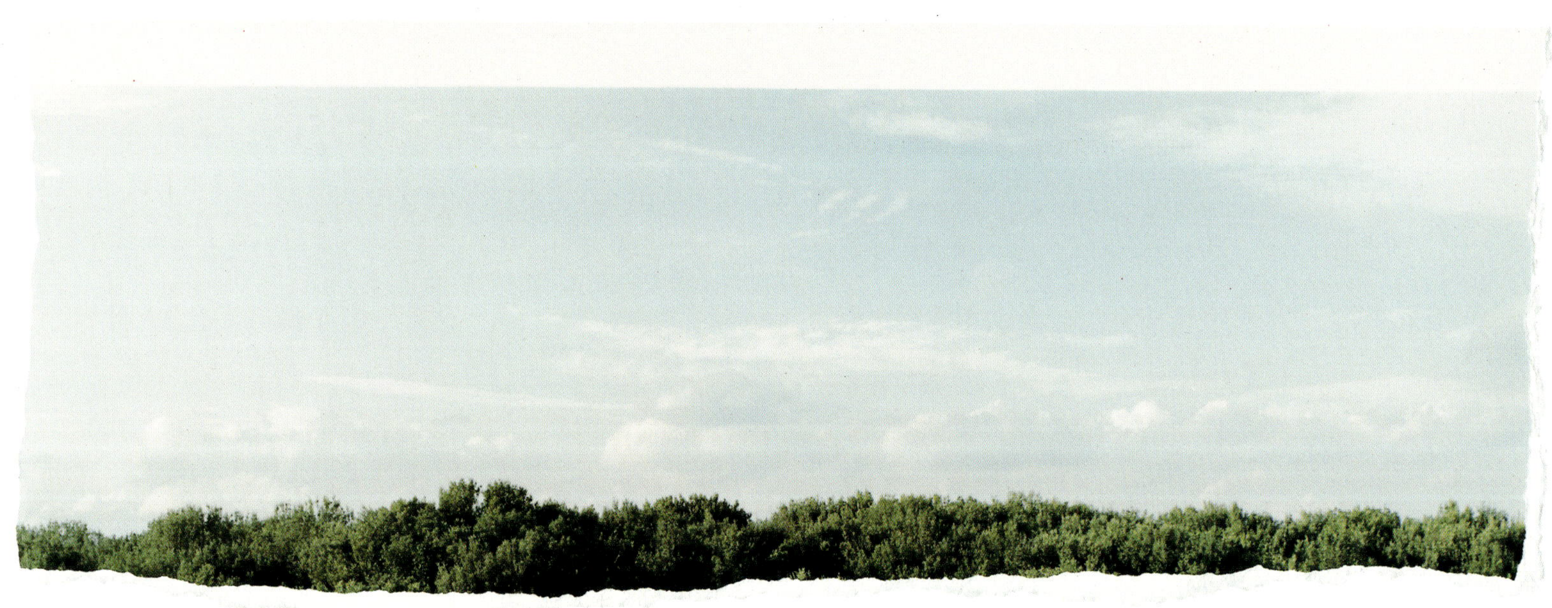

Il riciclo delle carte

Una porta, una saracinesca, una finestra, oggetti in una scaffalatura, una trave, qualche filo d'erba, qualche pietra: si potrebbe proseguire in un infinito gioco di elencazione. Tutti questi oggetti senza un contesto appropriato che ne indichi la funzione, sono cose astratte senza ruolo. Eppure sono fatti di materia, ciò che rimane tolta la funzione di uso comune. Possono quindi approdare ad una seconda vita e diventare altro, esattamente come accade in un frammento di foto. In *Carte riciclate* essi sono immagini, frammenti di immagini utilizzate per produrre un effetto puramente estetico, proprio come accade agli oggetti recuperati che, spogliati della loro funzione originaria, servono alla manipolazione artistica. Ma... l'immagine dell'oggetto può esserci grazie alla carta, che lo materializza, lo rende visibile a tutti, consentendone la condivisione. Una foto strappata è comunemente uno scarto, perdendo la sua utilità come tale; rimane un frammento, una parte che, riciclata, viene proposta come se non fosse stata privata della sua integrità. In questo consistono la ricerca e la provocazione di Zaffagnini che dall'azione che ricorre ad un linguaggio artistico, traccia un ponte di comunicazione con chi non si occupa di arte, bensì di scarti, di rifiuti, di recupero della materia. Abbiamo accettato di comunicare perché abbiamo ravvisato in questo un'opportunità proficua di riflessione a 360°. Recuperare la materia, riutilizzarla non è infatti solo un'operazione tecnologica, tecnica, organizzativa, di servizio; è un'operazione culturale che fa pensare alle risorse, alla sostenibilità del sistema in cui viviamo all'impoverimento dell'ambiente.

A che serve un'operazione culturale? Ad immaginare soluzioni alternative con le quali convivere e per le quali l'atteggiamento di ciascuno è fondamentale. Ecco che si torna all'immagine, dall'immaginario, all'immaginabile, all'immaginare. I frammenti lasciano libertà di immaginazione. Che cosa c'è intorno a quel frammento? Che cosa non c'è? C'è quello che c'era ed è stato strappato, c'è quello che ci piace immaginare: entrambe le risposte sono giuste e paradossalmente coincidono come le domande cui corrispondono. Ciò che per qualcuno è uno scarto, per altri è una risorsa, un'opportunità di libera immaginazione creativa, la creazione di un linguaggio. Se uno scarto è una risorsa per qualcuno, può esserlo per tutti, proprio come i rifiuti e la materia di cui sono fatti.

Il riciclaggio lo facciamo in questo modo nell'atto stesso dell'osservazione delle fotografie o meglio dei loro frammenti. Foto riciclate. Come nel flusso cosmico ogni azione negativa corrisponde ad una positiva, così scartare è la scoperta del contenuto di un involucro, è evitare qualcosa o qualcuno che tuttavia esistono, è l'esito negativo di una scelta su qualcosa che comunque c'è. Si scarta l'oggetto ma la carta c'è: ogni oggetto di carta privato della forma non è nient'altro che carta. Pensare il contrario è mistificazione. La carta è materia, è risorsa si può riutilizzare ed ha quindi un valore. TE.AM S.p.a. si occupa di questo. Dalle foto ai frammenti, dagli oggetti agli scarti, alla materia. Due mondi apparentemente lontani, nelle rispettive situazioni estreme si incontrano e comunicano. L'arte non è dunque così astratta, anche per chi si occupa di ripulire il mondo dalle impurità che si producono ogni giorno e a cui nessuno vuole più pensare. Quanto accade, in realtà, è un ciclo, un circolo in cui ad essere coinvolti sono ancora una volta gli uomini e le loro azioni.

TE.AM S.p.a.

P a p e r   R e c y c l i n g

A door, a shutter, a window, objects on a shelf, a beam, some blades of grass, some stones: one could go on with this game of making lists ad infinitum. All these objects without an appropriate context to indicate their function are abstract things without any specific role. And yet they are made of matter, what is left over once objects are stripped of their everyday function. They can therefore be reincarnated into something else, which is exactly what happens with a scrap of a photograph. In *Recycled Paper* these are images, scraps of images used to produce a purely aesthetic effect, exactly what happens to recycled objects when, stripped of their original function, they are used to make art. But… there can be an image of the object thanks to the paper which gives it shape, making it visible to everybody, allowing it to be shared. A ripped photograph is ordinarily a piece of waste which loses its usefulness as such, remaining a scrap, a fragment which, when recycled, is presented as though it had never been robbed of its integrity. Zaffagnini's work and provocation consists of this – an artistic statement building a bridge of communication with people who do not deal in art but rather in waste, rubbish, the recycling of matter. We agree to communicate because we see in this a lucrative 360° opportunity for reflection. Recycling and reusing matter is not in fact merely a technological, technical, administrative, service operation; it is a cultural operation which forces us to think of resources, the sustainability of the system in which we live to the impoverishment of the environment. What use is a cultural operation? For thinking up alternative living solutions for which each person's attitude is fundamental. And here we return to the image, to the imaginary, to the imaginable, to imagining. Scraps leave free rein to the imagination. What is there surrounding that fragment? What is absent? There is what was once there and what has been torn off, there is whatever we like to imagine: both answers are right and paradoxically coincide like the questions they correspond to. What is scrap to some is a resource to others, an opportunity for liberal creative imagination, the creation of a language. If scrap is a resource for some then it can be so for everybody just like the refuse and matter it is made of.

In this sense we are recycling in the very act of observing the photographs or rather their scraps. Recycled photographs. Just as in the cosmic flow every negative action corresponds to a positive one, so discarding means discovering the content of a wrapper, it is avoiding something or someone which however exists, it is the negative result of a choice of something which is there anyway. You throw away the object but the paper remains. Every shapeless paper object is nothing but paper. To think the opposite is mystification. Paper is matter – a resource which can be used again and which is therefore worth something. This is the business of TE.AM S.p.a. From photos to scraps, from objects to waste, to matter. Two apparently distant worlds meet at their respective extremities and communicate. Art is not therefore so abstract, even for those who engage in cleansing the world of the impurities which are produced every day and that nobody wants to be bothered with any longer. What happens in reality is a cycle, a circle which once again involves people and their actions.

TE.AM S.p.a.

Biografia

Giovanni Zaffagnini nasce nel 1945 a Bagnacavallo (Ravenna). Vive e lavora a Fusignano. Negli anni Settanta ha svolto ricerche sistematiche sulla cultura del mondo popolare in Romagna, che hanno portato alla creazione di un consistente archivio fotografico. Dal 1985 si dedica alla fotografia di paesaggio, con particolare attenzione per gli spazi urbani. Nel 1986 è stato tra i curatori della mostra *Traversate del deserto* e dell'omonimo volume (Fusignano, I figli del deserto). Aperto alle esperienze di altri generi artistici, ha realizzato interventi fotografici legati alla poesia (con Raffaello Baldini – *Di notte*, Rimini 1996 – e Giovanni Nadiani – *Invel*, Faenza 1999) e all'architettura (*Terra, case, strade, acqua*, Facoltà di Architettura dell'Università di Ferrara, 1992). Per conto dell'Istituto per i Beni Culturali della Regione Emilia-Romagna ha effettuato, con Guido Guidi e Olivo Barbieri, una complessa ricerca relativa alla costa emiliano-romagnola (1999). Ha esposto i suoi lavori in mostre personali e collettive, tra le quali *L'insistenza dello sguardo. Fotografia italiana 1839-1989* (a cura di C. Costantini e I. Zannier, Venezia, Palazzo Fortuny, 1989), *Segni di luce. Fotografia italiana contemporanea* (a cura di I. Zannier, Ravenna, Manica Lunga, 1994), *La matière, l'ombre, la fiction* (a cura di J.C. Lemagny, Paris, Galerie Colbert, Bibliothèque Nationale, 1994), *Modena per la fotografia* (Modena, Palazzina dei Giardini, 1997), *32 Italian Photographers: A Tribute to Phyllis Lambert* (Montreal, Canadian Center for Architecture, 1999). Ha pubblicato, tra l'altro, *Terra, case, strade, acqua* (Padova, Interbooks, 1992) e *Tecla* (Fusignano, I figli del deserto, 1994). Sue fotografie sono presenti nei cataloghi delle mostre citate e in "Fotologia" (Firenze, Alinari, 1995), *La scuola emiliana di fotografia* (Tavagnacco, Art&, 1997), *Amen fotografia 1839-2000. Immagini e libri dall'archivio di Italo Zannier* (a cura di P. Morello, Milano, Skira, 2000); fanno parte inoltre di collezioni pubbliche (Bibliothèque Nationale, Paris; Canadian Center for Architecture, Montreal; Galleria Civica, Modena; Istituto per i Beni Culturali della Regione Emilia-Romagna).

Biography

Giovanni Zaffagnini was born in Bagnacavallo (Ravenna) in 1945. He lives and works in Fusignano. In the Seventies he carried out systematic research into the popular culture of Romagna, which led to the creation of a sizeable photographic archive. Since 1985 he has concentrated on photographing landscapes and especially urban spaces. In 1986 he was one of the curators of the exhibition *Traversate del deserto* and co-editor of the volume with the same title (Fusignano, I figli del deserto). Open to the experiences of other artistic genres he has done photographic work linked to poetry (with Raffaello Baldini – *Di notte*, Rimini 1996 – and Giovanna Nadiani – *Invel*, Faenza 1999) and architecture (*Terra, case, strade, acqua,* Faculty of Architecture of the University of Ferrara, 1992). On behalf of the Istituto per i Beni Culturali della Regione Emilia- Romagna has carried out, along with Guido Guidi and Olivo Barbieri, complex research relative to the Emilia Romagna coast (1999). He has exhibited his works in one-man and group exhibitions, including *L'insistenza dello sguardo. Fotografia italiana 1839-1989* (curated by C. Costantini and I. Zannier, Venice, Palazzo Fortuny, 1989), *Segni di luce. Fotografia italiana contemporanea* (curated by I. Zannier, Ravenna, Manica Lunga, 1994), *La matière, l'ombre, la fiction* (curated by J.C. Lemagny, Paris, Galerie Colbert, Bibliothèque Nationale, 1994), *Modena per la fotografia* (Modena, Palazzina dei Giardini, 1997), *32 Italian Photographers: A Tribute to Phyllis Lambert* (Montreal, Canadian Centre for Architecture, 1999). He has published, among other works, *Terra, case, strade, acqua* (Padova Interbooks, 1992) and *Tecla* (Fusignano, I figli del deserto, 1994). His photographs can be found in the catalogues of the exhibitions mentioned and in "Fotologia" (Florence, Alinari, 1995), *La scuola emiliana di fotografia* (Tavagnacco, Art&, 1997), *Amen fotografia 1839-2000. Immagini e libri dall'archivio di Italo Zannier* (edited by P. Morello, Milan, Skira, 2000); his works belong moreover to public collections (Bibliothèque Nationale, Paris; Canadian Center for Architecture, Montreal; Galleria Civica, Modena; Istituto per i Beni Culturali della Regione Emilia-Romagna).

Carte Riciclate / Recycled Papers

Progetto grafico / Graphic Project: Giovanni Zaffagnini
Redazione / Editing: Michele Buda
Traduzione / Translation: Howard Rodger MacLean

Stampa delle fotografie / Printing of Photographs:
Cinzia Ghiribaldi (Max color, Forlì)

Organizzazione / Organization: Virna Gioiellieri (TE.AM S.p.a.)
Ufficio stampa / Press Office: Silvia Palombi Arte&Mostre,
Milano

Un ringraziamento particolare a / Special thanks go to
Arrigo Bellinazzo, Giuseppe Bellosi, Michele Buda, Guido Guidi,
Alfreda Melandri, Flavio Niccoli, Francesco Raffaelli, Franco
Vaccari, Marco Zanta.

Con il contributo di / With the support of TE.AM S.p.a.

La citazione a p. 9 è tratta da G. Perec, *La vita. Istruzioni per l'uso*, Milano, Rizzoli, 1997; la citazione a p. 48 è tratta da I. Calvino, *Le città invisibili*, Torino, Einaudi, 1972.
The quote on p. 9 is taken from G. Perec, *Life. A User's Manual.* The quote on p. 49 is taken from I. Calvino *Invisible Cities.* Quotes translated by Judith Mundell.

Le fotografie a p. 21 e a p. 43 fanno parte dell'Archivio dell'Istituto per i Beni Artistici, Culturali e Naturali della Regione Emilia-Romagna, che si ringrazia per averne autorizzato la pubblicazione.
The photographs on p. 21 and p. 43 belong to the Archive of the Institute of Artistic, Cultural and Natural Heritage of the Emilia-Romagna region whom we thank for authorizing their publication.

Edizioni Charta
Via della Moscova 27
20121 Milano
tel. +39-026598098/026598200
fax: +39-026598577
e-mail: edcharta@tin.it
www.chartaartbooks.it

Printed in Italy

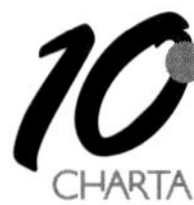

Finito di stampare nel settembre 2001
da Grafiche Morandi, Fusignano
per conto di Edizioni Charta